《萨尔茨堡的弥撒书》内部文字与插图。五卷萨尔茨堡大教堂的大型节日弥撒书现保存在巴伐利亚州立图书馆，是装饰最华丽、也可能是世界上最昂贵的中世纪弥撒书之一。于15世纪完成，手稿由拉丁书写在精制牛皮纸上。

《波多兰航海图（旧大陆）》。在巴伐利亚州立图书馆的地理手稿中，波多兰航海图是目前为止最重要的一个系列，这些图表包括一张带部分羊脖子的羊皮图，羊皮纸上的孔表明图表曾被固定在桅杆或办公桌上。

这是一本创作于印度北部的《古兰经》中的一页，羊皮纸，创作于15世纪，内容写作于约6世纪。繁复的字符和花纹相交杂，并有一系列卷首插图，现藏于美国沃尔特斯艺术博物馆。

日本《竹取物语》卷轴画，和纸，创作于17世纪，现收藏于日本国立国会图书馆。

五彩缤纷的日本越前和纸，书中提到了这种纸的制作工艺与制作者。目前越前和纸的使用范围广泛，既可用于书写，还可折纸，甚至做成手提包。

显微镜下的纸的基本结构。在紫外线的照射下，纸纤维自发荧光

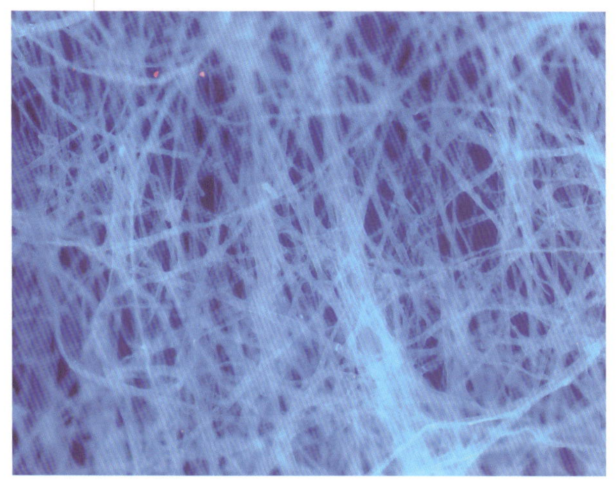

20世纪日常生活中的各种纸制品，从纸币、邮票到海报、明信片。

维克多·雨果《悲惨世界》原稿，1861年。雨果对于纸的要求颇高，书中提到：“纸的颜色绝非偶然……《悲惨世界》无论写作的地点或年代，他都尽力找到同一种纸：天蓝色的纸。”

3

Tant qu'il existera, par le fait des lois et des mœurs, une damnation sociale créant artificiellement, en pleine civilisation, des enfers, et compliquant d'une fatalité humaine la destinée qui est divine; tant que les trois problèmes du siècle, la dégradation de l'homme par le prolétariat, la déchéance de la femme par la faim, l'atrophie de l'enfant par la nuit, ne seront pas résolus; tant que, dans de certaines régions, l'asphyxie sociale sera possible; en d'autres termes, et à point de vue plus étendu encore, tant qu'il y aura sur la terre ignorance et misère, des livres de la nature de celui-ci pourront ne pas être inutiles.

Hauteville-House.
1er janvier 1862.

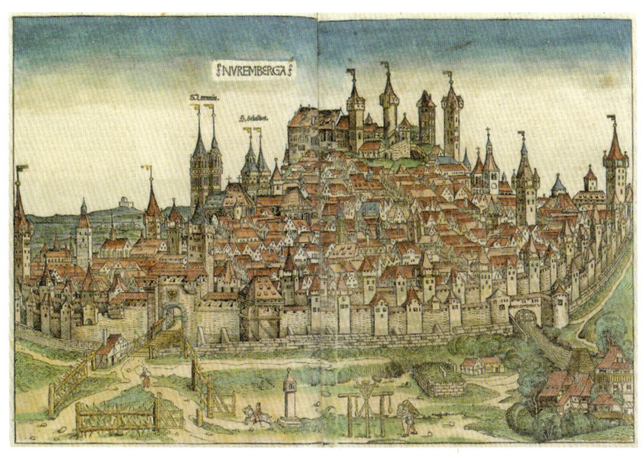

中世纪造纸业的发展。德国施特默的造纸坊（见图右下角那个较为复杂的建筑），出自1493年的《纽伦堡编年史》（*Nuremberg Chronicle*）。由于造纸坊普遍有较大噪音，产生较大污染，中世纪的相关法律一般要求造纸坊搬出城外，设置在离城墙较远的地方。

当代造纸业的窘境。为了发展造纸业，印度尼西亚苏门答腊岛的原始森林被大量砍伐，为大规模种植桉树开拓空间，原住部落生存范围越来越小。作者在书中讲述了发生在这里的故事。

纸灯制品。日本手艺人正在提灯上绘制各种各样的花纹或风景。

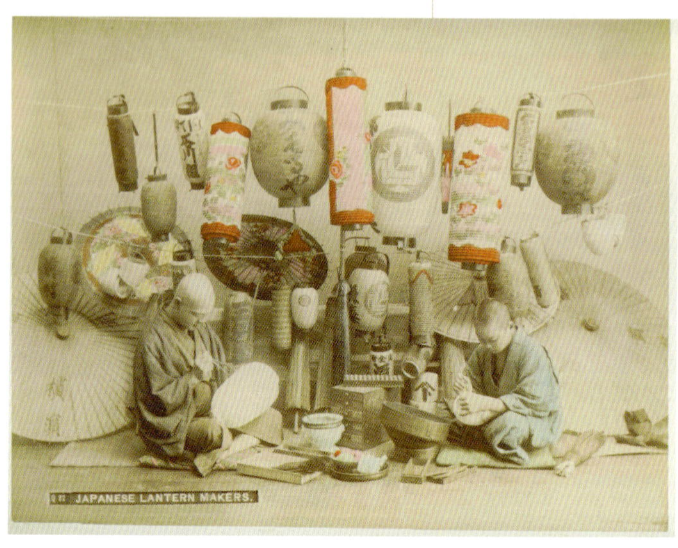

纸灯制品。中国海宁花灯，为元宵节观赏用的纸灯。

Sur la route du papier

一张纸铺开的人类文明史

[法] 埃利克·奥森纳 著

林盛 译

图书在版编目（CIP）数据

一张纸铺开的人类文明史 / (法) 埃利克・奥森纳著 ; 林盛译 . -- 厦门 : 鹭江出版社 , 2017.1
ISBN 978-7-5459-1216-6

Ⅰ . ①一… Ⅱ . ①埃… ②林… Ⅲ . ①世界史-文化史 Ⅳ . ① K103

中国版本图书馆 CIP 数据核字 (2016) 第 270700 号

YIZHANG ZHI PUKAI DE RENLEI WENMINGSHI
一张纸铺开的人类文明史
[法] 埃利克・奥森纳 著
林盛 译

出版发行：海峡出版发行集团
鹭 江 出 版 社
地　　址：厦门市湖明路 22 号　　邮政编码：361004
印　　刷：山东临沂新华印刷物流集团有限责任公司
地　　址：山东省临沂市高新技术产业开发区新华路 1 号　　邮政编码：276000
开　　本：880mm × 1230mm 1/32
印　　张：7.375
插　　页：7
字　　数：236 千字
版　　次：2017 年 1 月第 1 版　2017 年 1 月第 1 次印刷
书　　号：ISBN 978-7-5459-1216-6
定　　价：39.80 元

如发现印装质量问题，请寄承印厂调换。

献给

伊丽莎白和贝尔纳

——

无与伦比的旅伴

目 录

前　言

某天，我想起自己还从来没有感谢过它。

而我所读到的知识又全仰仗于它。

如果我不阅读，尤其是假如我没有读到过我现在所拥有的这些知识，我会变成什么，会变成怎样的人？

此外，也是靠着它，我才能连续近六十年，每天早上，一步步，在橡皮的帮助下，推进我的故事。

如果不能讲述这些故事，我的生活又会怎样？

我来迟了。

是时候向它献上我的敬意。

尽管人们都说它脆弱，说它已岌岌可危。

于是，我上路了，踏着它的历程。

亲爱的纸！

植物纤维构成的神奇薄片！

※

仿佛是要祝我旅途愉快，有一段记忆重又浮现在我脑中。7月初，我们要去布列塔尼两个月，能够重回布雷阿岛的喜悦中夹杂着要离开我这群亲爱的书籍朋友们的沉重。我绞尽脑汁，在鞋油之间藏上一本《三个火枪手》，在靴子下面藏上一本《圣艾蒂安武器与自行车邮购店目录》，在5公斤的草莓苹果、梅子苹果或者桃子苹果果酱盒（战后的果酱里为什么总少不了苹果？）中间夹上一本《苦儿流浪记》或《善良小魔鬼》，我父亲准确地侦测到了这群入侵者，并把它们都遣送回了我的房间。

“你到底在想什么？看看窗外面。我那辆可不是卡车，只是一辆‘雷诺帆船’（或者一辆‘尚波’）[1]。”

于是，我母亲习惯性地大叫起来，或许是想安慰我，同时也嘲讽一下我父亲，她一度认定父亲在历史知识方面是个白痴：

“我保证！埃利克把自己当成了波斯的维齐尔[2]！”

我有些惊慌失措。

“哪个维齐尔，妈妈？”

“就是阿卜杜勒·卡西姆·伊兹梅尔。”

当时还没有互联网，我无从了解更多有关这位大维齐尔的知识，他仿佛是母亲的亲人。

他最主要的性格特点似乎是他对自己那十一万七千卷藏书所表现出的热情，和他的藏书分离一天似乎也让他难以承受。于是，他每次外出，都带着这些书。或者说，他是将这一任务交给了四百匹骆驼。

不过最让人吃惊的还不止于此。许多君主和首领都让自己钟爱的物品和朝臣跟随自己出行的队列。阿卜杜勒·卡西姆·伊兹梅尔对序列的喜爱与对书籍的喜爱相同。结果便是，这四百匹骆驼行进的顺序是按照它们背负的书籍名称的字母顺序排列的。

难以置信，我母亲居然没有放过这种机会，在生活中给我上了一小课。

忽然，她心碎地叹了口气。

“我看到你房间乱糟糟的样子，就觉得你永远也成不了维齐尔。”

我在心里默默地发誓一定要证明她是错的。在我们漫长的旅途中，我回避着这条引领我们西行的12号国道，我梦想着沙漠，梦想着绿洲，

---

1 当时的中档汽车，前一个是雷诺品牌，后一个是西姆卡品牌。

2 维齐尔（Vizir）是伊斯兰国家历史上对宫廷大臣或宰相的称谓，意为“帮助者”“辅助者”。——编者注

梦想着未来流动的藏有十一万七千册书籍的图书馆。

等我的第一批骆驼（首字母AA到AC的书）到达圣伊莱尔迪阿尔库厄的时候，第四百四，也就是驮着Z字部书的那匹骆驼该走到哪儿了呢？

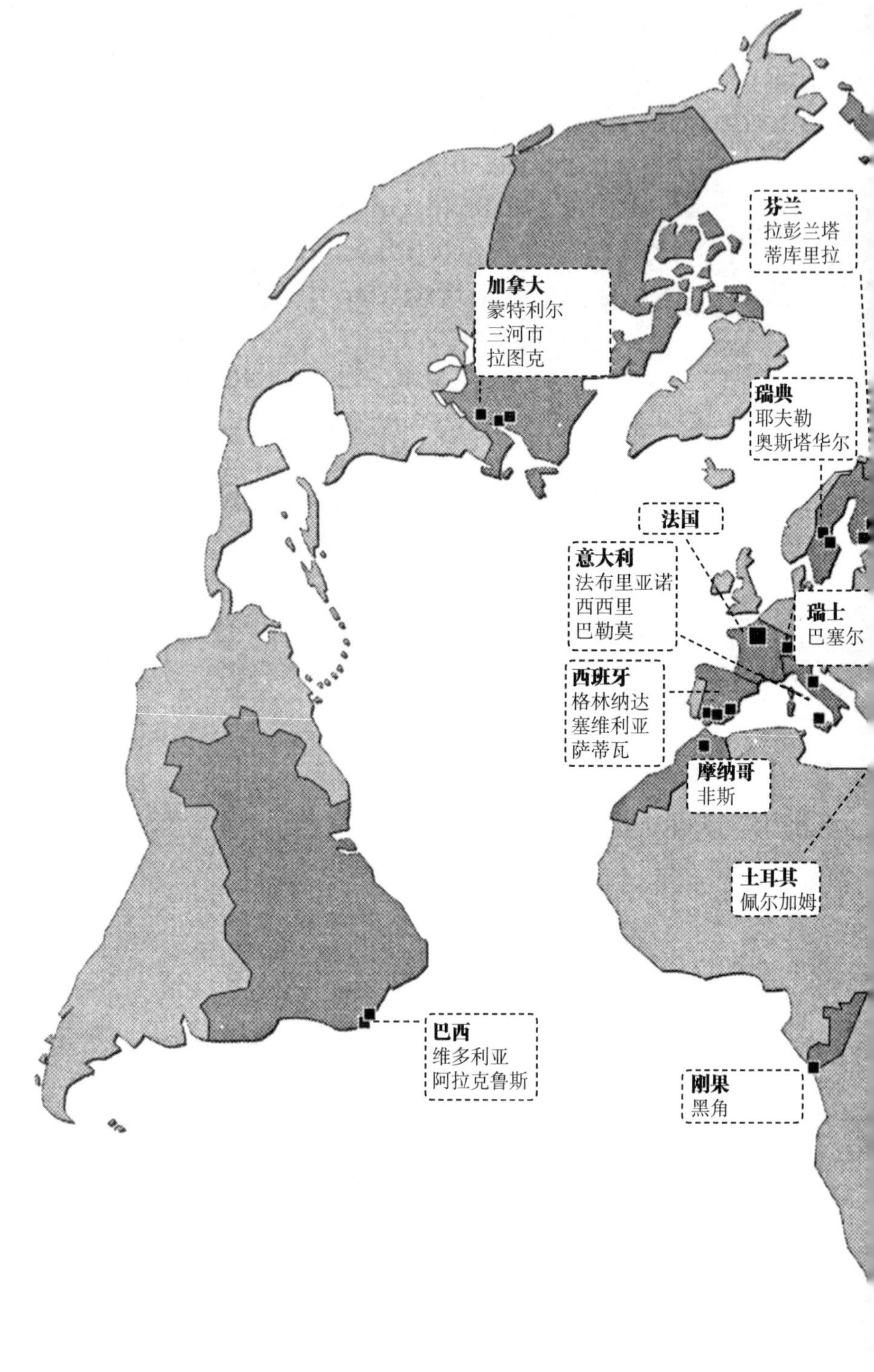
芬兰
拉彭兰塔
蒂库里拉
加拿大
蒙特利尔
三河市
拉图克
瑞典
耶夫勒
奥斯塔华尔
法国
意大利
法布里亚诺
西西里
巴勒莫
瑞士
巴塞尔
西班牙
格林纳达
塞维利亚
萨蒂瓦
摩纳哥
非斯
土耳其
佩尔加姆
巴西
维多利亚
阿拉克鲁斯
刚果
黑角

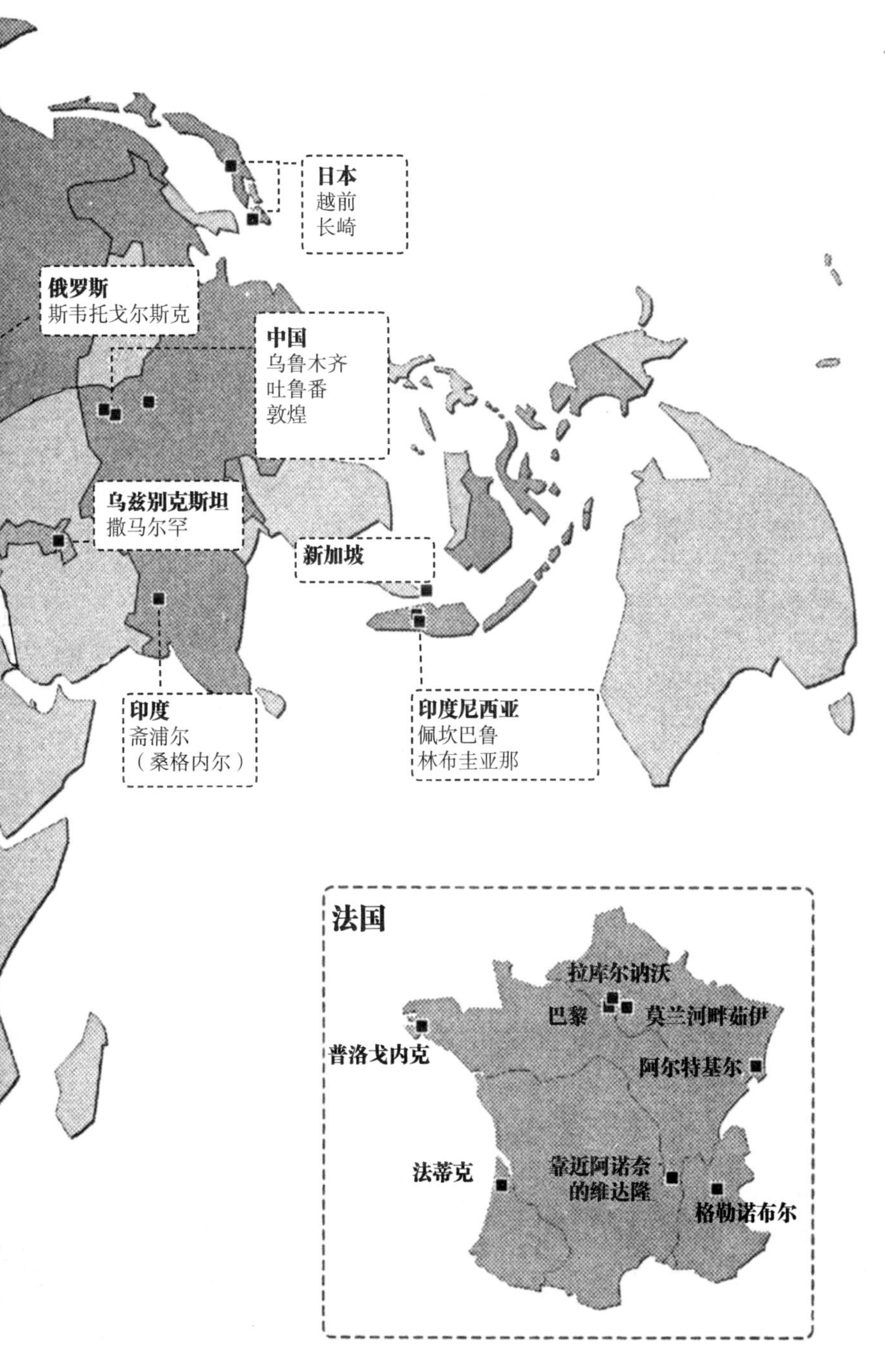

日本
越前
长崎
俄罗斯
斯韦托戈尔斯克
中国
乌鲁木齐
吐鲁番
敦煌
乌兹别克斯坦
撒马尔罕
新加坡
印度
斋浦尔
（桑格内尔）
印度尼西亚
佩坎巴鲁
林布圭亚那
法国
拉库尔讷沃
巴黎
莫兰河畔茹伊
普洛戈内克
阿尔特基尔
法蒂克
靠近阿诺奈
的维达隆
格勒诺布尔

第一部分 纸的前世

布列塔尼的中国领土

普洛戈内克（法国）

根据我读书时的记忆，我们应该感激中国的四大发明：火药、罗盘、印刷术，还有就是纸。

因而，我的路应当从那里走起。

但据我所知，中国太辽阔了。

就像我们常常见到的某种悖论，对这些亚洲古物最了解的人却在西方。或许是在执掌法兰西远东学院多年以后，院长想要休养生息。

于是，在10月的一个下着雨的早晨，我来到普洛戈内克教堂的后面，这座小城就坐落在坎佩尔和杜阿尔纳纳（菲尼斯泰尔省南部）之间。

在半岛路上一座公证处的老屋中，一只黑猫和让–皮埃尔·德勒热正在等我。

我希望德勒热先生别怪罪我，不过我第一眼就发现了我们两人外形上的某些相似之处，他这个学者和我这个无知的人，同样是中等身材，戴副眼镜，有圆圆的脑袋，还有相似的秃顶……

那只动物和它的主人立刻就给我上起了课。

与我们一直以来所深信的相反，蔡伦，这位逝世于公元121年的宫廷作坊的主管，并不是纸的发明者。

考古学家在墓葬和瞭望塔中发现过更古老的纸，有些甚至可以追溯到公元前2

世纪。

可怜的蔡伦被时间的真相剥夺了这一荣耀!

“这些纸的先祖，我们了解它们的成分吗？”

“是由捣碎的植物纤维做成的，主要是麻纤维。也有用亚麻、竹子、桑树皮的。还有些……”

让-皮埃尔・德勒热笑了笑。

“还有些是用穿旧的衣服，甚至是用腐烂的桃肉……但这都不是我要告诉你的，不能总是相信人的想象。”

黑猫走过去，又走回来，就跟别的猫一样。它仿佛也在侧耳倾听，就像是学监在检查老师的教学。

“我们知道最早的纸产于中国的什么地区吗？”

“或许全国到处都有。虽然现今的发现都集中在北部，在塔克拉玛干沙漠和戈壁边上，沿着丝绸之路一带，但这是因为那里的气候干燥。纸并不脆弱，它几乎能抵抗一切。它只有一个敌人：潮湿。”

从儿时起，我就梦想着有一天能踏上这条著名的丝绸之路。

纸会不会为我送上这份礼物?

让-皮埃尔・德勒热继续他的讲课：

“‘丝’这个字由两部分组成，是两个单股绞丝。

“‘纸’这个字也是由两部分组成：左边是绞丝（纟），右边是表音的部分（氏），它用来指示发音，我们才不会混淆‘丝’和‘纸’。看看中文多有智慧：丝和纸很像，不是吗？在纸出现前，人们在丝上书写。丝是布料中最奢侈的，在全世界很多地方，人们都在制造丝质衣服，在上面涂上油。本质上，纸就是最低微的丝。”

我拿出自己的本子记录着，就像是好学生在疯狂地记笔记。

“你要是知道右边这个‘氏’字还有一个意思，或许会更好奇，它的意思是‘姓氏’。很有趣吧，想想我们说到‘没有纸’，也就是‘没有身份证件’的人（非法移民）？”

现在，我们来到了这位学者的办公室：在二楼的这间大房间里，四周书架上排满了书，处处充满了会意的文字，很少有书脊上是我们熟悉而珍爱的字母。

猫看着我，充满怀疑，不确信我是不是当得起如此荣耀的邀请。

让-皮埃尔・德勒热打开了一个纸箱，给我看他收到的礼物，那些十分古老的纸片大部分都很粗糙，来自亚洲各地：中国、朝鲜半岛、日本、印度、越南。通过窗外透进的光线，能看到些许无法分辨的物质，还有长长的完整纤维，就像是一大堆化石。

我羞怯地又回到自己的梦中，回到对丝绸之路的憧憬中。

让-皮埃尔・德勒热从他的珍藏中抬起头。

“你应该联系一位研究汉学的同事，她叫卡特琳・戴思博。她是研究中国思想文献方面的专家，研究的是洞中图书馆的文献。”

洞中图书馆？我喜出望外，想要有更多的了解。

“哦，她会亲自告诉你，如果她愿意的话。我知道她在筹备一次旅行，或许她会愿意带你做旅伴。”

我告别了蹒跚的学者和他的猫，又回到普洛戈内克城，名叫“圣蜡节”的薄饼店就在公证处老屋对面。我感觉自己有些眩晕，仿佛是穿过了一连串布满镜子的房间。

我的调查充满各式各样的回响、即视感、寓意和比喻。

贸易与疆界

乌鲁木齐（中国）

是谁开创了丝绸之路?

在历代至尊的皇帝中，这一荣耀必须归于汉武帝。公元前一个半世纪时，他统治着中国。

某日，他决定去了解西方神秘的疆域，当时对西方的了解仅止于那里居住的蛮族，他们时常入侵破坏。为了抵御他们，此前一百年长城就开始兴建。

简而言之，汉武帝派遣了一位名叫张骞的使臣，由一百名随从陪同出发。十三年后（其中十一年在狱中），他回来时，身边只剩下一名随从。张骞讲述了自己的经历，武帝为之深深着迷。张骞的经历唤醒了人们，许多人听完他的讲述后，都梦想着成为商人，于是，轮到他们出发了。武帝封张骞为“博望侯”。

罗马军队也对丝路的开辟贡献良多。据传说，罗马士兵在与帕提亚人的战斗中，为他们的旗帜而惊叹：布料柔软、光鲜得无与伦比，若是还能触碰到，那滑顺的感觉更是举世无双。

于是人们对丝绸充满了热望，纷纷前往它的神秘故土——中国，寻找过程中的危险也就不足挂齿。当时的人们相信，丝生长在树上。

在飞往北京的法航 AF124 班机上，我一直听卡特琳·戴思博为我讲述这条丝绸之路，或者应该说是这些丝绸之路。

唯一的，甚至连骆驼都无法穿越的障碍便是可怕的塔克拉玛干沙漠。我们只能从北边（敦煌—吐鲁番—乌鲁木齐）或是南边（敦煌—和田—喀什）绕过，每条路又各自有数不清的支线。

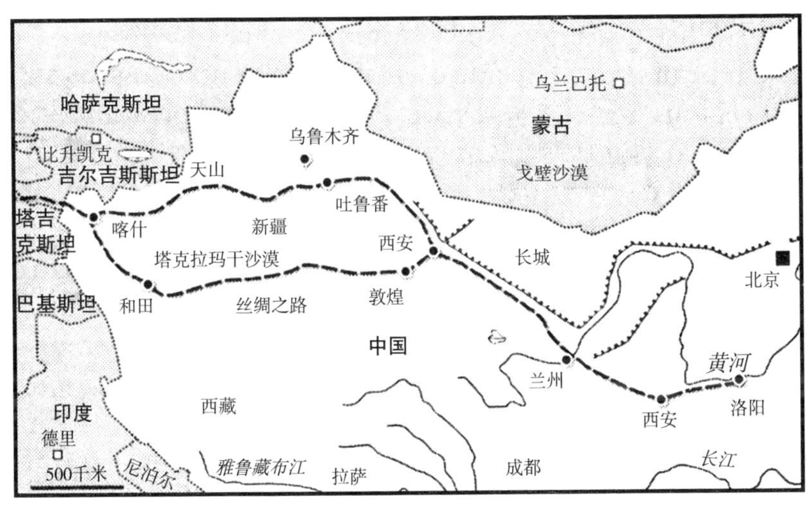

在长达十六个世纪的时间里，沙漠商队从未停止过在这条路上的交通。

来自中国的商队，向西方运去的，除了丝绸，还有铁、铜、陶瓷和香料。

来自欧洲与阿拉伯的商队带来黄金、玻璃、羊毛、亚麻……还有不能遗漏的——宗教。

卡特琳·戴思博对信仰的迁徙充满热情。

“大家都知道佛教来自印度。但你也会看见这一宗教的各种表征出现在沙漠的那些绿洲中，比如吐鲁番，比如敦煌……”

“敦煌，是不是那个公元1000年时被僧侣封闭起来的、有很多古卷的洞窟？”

卡特琳没有回应。她还深深沉浸在自己偏爱的那些话题中：摩尼教和景教。以后我会告诉你们这位女士教给我的关于这两个宗教的知识。现在，你们只要知道它们都来自西方，通过丝绸之路传入中国。

※

接着发生的事没什么可说的，我们只是乘坐 CZ6904 航班飞往“王国”的西北边境，除了在飞机降落前，南方航空公司殷勤地送给我们一堂太极健身操课，大多数乘客都小心翼翼地加入了其中。机舱里开始变得像是法国网球公开赛的球场，而且动感十足。我们跟着节奏摆动的不仅是头部，也不仅是向右、向左，连整个身体，包括肩膀、手臂、胸口、小腿都摆动了起来，右边，再左边，然后是踝骨。不过，拜托，至少还是让我们的脚后跟着地吧。

※

乌鲁木齐。

这个词的意思是“丰美的牧场”，而这座城市的摩天大楼，让它看上去更像是休斯敦或达拉斯，只是小上一两个尺寸。

中国人喜欢模型：它们让企图和进步都变得一目了然。在一座大型公共花园耸立的塔中，我们可以看到乌鲁木齐今生的三个阶段：

1947 年：规模类似临时营地；

2000 年：一百万居民，开始发展；

2010 年：三百万居民，等待更多人的到来。

应该说，新疆这片土地充满财富：石油、煤炭、铁矿……而毗邻的天山山脉为农业提供了必要的水源。正因如此，乌鲁木齐除了享有各种经济方面的荣耀头衔外，还是世界上第二大番茄生产地。

※

你来到这里，只因受到一条路的召唤。

刚踏上最初的几公里路，你便发现这条路已经死去。

并不是因为这里缺少活动：商队依旧绵延，尽管卡车取代了骆驼，其他货物取代了丝绸。四车道的公路、未来化的高速铁路，紧紧地沿着这条传奇般的沙石路，从终年不化的白雪间穿过。

一条路中断时，它便死去了。

这条路从此便断在了乌鲁木齐。它还向西南继续通往喀什，但它已不再是中心。

从东方而来的物资只是用来建造这座帝国的要塞。

曾经，丝绸之路是为一项联系人与人的伟大事业而服务的，我们称之为贸易。

如今，中央只是将其作为一种标志——疆界的标志。

不久，我又坐上了飞机。

蕴藏珍宝的洞窟等着我。敦煌的图书馆，已被封闭在洞中太久。

往日的天堂

吐鲁番（中国）

从我们的车子发动后，路上就一直荒无人烟。除了骑摩托车的人，看不到什么其他活物。

我想到商队走丝绸之路是为了躲避沙漠的严酷环境……那这片广袤的碎石路平原空无一人，又怎么说？我只在一大片风力发电机组中间看到两匹不会动的骆驼。

它们会不会想起勇敢的祖先？祖先们在这无尽的路上不停地走上几个星期，这里的每一丛青草都要和下一丛隔上好几公里，虽只有一丛却看起来像是一片绿洲。

我们所在之处本是海底，300 万年前这里曾是海洋，之后海水退去。如今，这里成了地球上最内陆的地区，距离任何海洋都是最远的。

这里只剩下盐，随处可见，尤其是在为提取烹饪用的食用盐而开发的大白湖。

“沙尘暴。”司机说。

这沙尘暴真奇怪。空气无比宁静，但我们确实看不见百米外的任何物体。

我真是“运气好”！我看不见传说中的山顶，也看不见山顶上终年的积雪。

“昨天刮大风，”司机解释说，“扬起了沙尘。”

我承认我对中国人有些猜疑。他们总是习惯用布或者栅栏隐藏自己的工厂。或许他们也用了同样的计谋，用假的沙尘暴掩盖阻挠他们计划的山川。

司机继续上路。他感觉到了我话中的讽刺，对此表现出厌恶。一个外国人怎么敢怀疑中国在各方面赶超全世界的能力，尤其是在气候的严酷程度上？

“上个月，我看到一阵大风掀翻了一辆卡车。”

我装出很惊慌的样子，这让他很满意。又一次，我回想起这条丝路的辉煌时光。我想象着商队日复一日地对抗着这片空无，对抗着同样凶猛、冰冷的大风。根据我对南极的经验，最难攻破的墙莫过于迎面而来的风，它叮咬你，刺痛你，撕碎你，直到最后，让你彻底瘫痪。

我这才明白“赢”这个字的全部含义。赢得一座城，到达目的地，战胜一切逆境，最终赢得旅程的下一站。

※

初看起来，在老迈的欧洲面前，吐鲁番称得上是一座崭新的城市，它更加庞大，却建设得不甚如人意。房屋多为规则的立方体，十分相似，中间还不时冒出一座突兀的巨大楼房，马路无比宽阔，广场又无比空旷……一言以蔽之，缺少魅力，乏善可陈。千里迢迢来到这里，却只看到如此平庸的景象，我究竟是图什么？

我脸上失望的表情把卡特琳·戴思博给逗乐了。自从踏上这片她中意的国家的土地之后，让她高兴的事可不止这一件。她对这里的爱源自她的祖母，在她还不过五岁的时候。

此刻，她不断劝我要多一些耐心。

“埃利克，这也不是你第一次旅行了！你觉得古老的中国会那么听任摆布吗？”

她的话片刻之后便得到了印证。

我们只要穿过最后那条“现代”的街道，那古老的绿洲就出现了。同时出现的还有大片的白杨林。

空气中葡萄的香气四溢，葡萄藤在小街的墙上蔓延。孩子们在街头的平房前和猫一起玩耍。门微微开着，透过门缝可以看到庭院中排列整齐的床榻。远处，一座多彩的小清真寺依稀可见。

三轮车在一家之主的驾驶下噼啪作响地驶过，妻子和孩子坐在后头的红毯上。

相对安静的电动机车也在街上奔驰。上面坐着的要么是面如薄纸却眼带笑意的老人，要么是年轻的姑娘，不仅美丽动人，还常常两两结伴，有这样一种自由：其中一个可以用纱巾遮住脸，而另一个则没有。

亲爱的维吾尔人啊！他们的传统似乎已不再严苛！集市上，人们做着生意，体力最重的活是把西瓜从一个地方搬到另一个地方，小心地堆放，随后又往反方向搬回去。

更远处，一个身强体壮的光头年轻人在一个大盆中搅拌着什么。为了吓跑孩子们，他时不时从里面掏出大段泛白的肠子。

饭店将餐桌摆在小洋槐树下，单身的男女们最先来到这里坐下，接着到来的是拖家带口的。烤肉的铁杆已经准备好，只等人们点燃玩具般的烤架上的火炭——那烤架就像是个火车头。空气中充满欢快的气氛。一群绵羊忽然出现，堵住了十字路口，这让孩子们乐开了怀。那股葡萄的芬芳，一到晚间又混入了烤肉的香气，还夹杂着一股浓烈的粪便的气味。吐鲁番老城的时间过得有多快，你若想知道，根本不用钟表，只要有鼻子就可以。

除去照亮这座城市的路灯，这里人们的生活千年来都未有任何真正的变化。

只要把轮盘不停转动的两轮或三轮的机车换成骡子和骆驼，我便像回到了 17 或 18 世纪当起了商人，在葡萄藤下小憩一番，便又踏上行程。

※

让纸久等了。

我的耐心很快得到了回报。

崭新又雄伟的吐鲁番博物馆，给人留下了深刻的印象，它就坐落在主干道上。

它要传达的讯息很清楚，入口处用烫金大字写着：“从光荣的传统中学习。维吾尔族、粟特族、汉族、藏族、蒙古族祖先们依靠民族的多样性，共同创造了世界上最丰富多彩的文明。让我们继承他们的传统，继续共同繁荣发展！”

我跳过政治的部分，直接前往底层右侧尽头的一个小厅。

我此行的目的就在那里：十个玻璃橱窗，陈列着各式珍宝。最开始的一份手卷制作于公元 4 世纪，九百年后，纸才在欧洲出现。

这份手卷出土于临近的阿斯塔纳的一座墓葬中。纸卷上用漂亮的书法清楚地记录着属于逝者——某位彭氏夫人的物品清单。

随后的展品包括：佛经及其他宗教文献（包括摩尼教文献，还有景教文献！），还有涉及日常生活的家庭文献（家中的账务、收成记录、购买奴隶的证明合同……）。

我想起了让-皮埃尔·德勒热的教导。

修建大运河，营造长城，中国人不仅擅长工程建造，他们还有一种记录、编年的迫切需求。发明了纸，他们便有了材料来满足这种想法。

除了纸卷，吐鲁番博物馆中还展出有纸质的鞋、衣物，甚至有一根纸质的手杖……

忽然我听到了一声惊呼。

卡特琳·戴思博刚发现，一页纸上写着的是——西夏语，恰好是一种她正在学习的语言。

对此一窍不通的人（我前一晚也还是），我告诉你们，说西夏语的党项族是汉藏语系的一族，他们于公元 10 至 11 世纪生活于此。

这些遗迹并不都来自阿斯塔纳。地处吐鲁番盆地的火焰山的岩洞中也有珍贵文物出土。

我第一次产生一种想法：想把“丝绸”从“丝绸之路”的名字中拿走，给它换上一个更符合它目前现实的名字：“珍宝文物之路”。

中国西北的这片土地不仅是一条商业道路，更是一个巨大的十字路口。这一地区的各族人在这里相会、争斗、共同居住。

他们所建立的王朝历时各异，有些仅十数年，有些则长达数个世纪。直到汉族人开始他们的统治。

于是土地又收回了这些珍宝。

考古学家们在中国其他任何地区都再也找不到一片如此的天堂。

不仅因为前往那里的困难使当地的盗墓行为不如别处盛行，还因为干燥的土地伴随着严酷的气候，也确保了这里有一流的保存环境。

在前往柏孜克里克的途中（那里有四十个洞窟等着我），我又想到了德勒热教授的一个比较：

“我们航海的祖先们，为了在每次捕鱼前讨好仁慈的上帝，又或者为了躲过一场暴风雨而感恩上帝，会制作船的模型献给临近的教堂，有钱的船主还会出资建造礼拜堂。中国人的做法也无不同，你会发现许多类似的供奉物。”

假如你生活在公元5—15世纪，丝绸之路上的一片绿洲之中，假如你并不缺资金，而你又要保护你的城市或发展你的商业，你会想要驯服各路神明。

那么你需要做的事情有以下这些：

选择一个洞窟。更好的方法是，和你的几个朋友一起找一群洞窟。

为了避免偷盗者或破坏者的侵扰，宜选择交通不便的地点，例如坐落在山脉的半山腰，又或是为了增加乐趣，最好在小河边，岸边有白杨树荫蔽。

雇一个画家，并给他指示：“你先为我画一千尊佛像。”

艺术家点点头，装出惊讶的样子。而在几个世纪中，人们总是先在顶上画满千佛，才开始进行其他的主题装饰。他拿出颜料，点上蜡烛，立刻开始了工作。

接着等上三四十年，等艺术家（或是他的儿子）完成作品。假如上帝愿意让你活到那个时候的话，你便可以爬上你的洞窟（更可能的是有人把你吊进去）。在洞窟中，伴着微弱的光线，你会惊奇地看到，身为出资者的你，根据传统，被画在了众神之中。有可能——我还是想提前告诉你——那一刻你因太过激动而一命呜呼。

不过有谁会懊悔死在火焰山赭红色的双臂之中呢？

※

我继续参观其他的地方和别的千年纸卷，一路想着给丝绸之路取什么别名。选什么名字好呢？

“无尽可能之路”。除了两个国家，沙漠对于全世界所有其他国家来说，都是一个既定事实，令人生厌，却又不得不在其面前屈服。所有这些沙粒、碎石都毫无用处：永远寸草不生。

以色列和中国就是那两个不屈服的国家。前者是为了挣脱有限的领土的枷锁，后者则是因为与生俱来的天性：发展。

丝绸之路从一片绿洲跳跃到另一片绿洲，就好像从水塘的一个石块跳到另一个石块，中间相隔着大片空旷、贫瘠的土地。这样的景象对于中国人来说也很难承受。但他们灌溉、治理，建造工厂、城市，建立航天发射中心，在那里发射火箭。在每一条裂缝之上，他们建造起桥梁，若有山川挡路，他们便挖凿隧道。我想起某处的一座立交桥，上面巨大的广告牌写着：西通拉萨，东抵上海。到处种满了郁郁葱葱的树木。

渐渐地，绿洲越来越大。我敢打赌，未来某天我们会去参观沙盒：“看，这是仅存的戈壁沙漠。”没有什么能阻挡中国人民的意志。

“石骆驼之路”。因为我们再也见不到活的骆驼。也许是为了让孩子们知道它们曾经的样子，知道它们的祖先曾做出过重要的贡献，绿洲上每座城市的大街小巷上都立满了骆驼的雕像。

“原料之路”。虽然没有骆驼，但我们可以遇到机械马[1]：这些钢铁巨头不断冲撞着地面，用泵抽取着石油资源。在古代丝绸之路沿线，随处可见工厂在提取着地球上的金属资源。

“腐蚀优秀黏膜之路”。我越往前进，空气质量越差劲。到达嘉峪关时，我犯了鼻窦炎。我不相信是这座让人印象深刻的古代关城造成的，这里是长城的最西点。无数的烟囱自身也在控诉，它们排放出泛黄又呛人的烟雾。

有人建议我对自己的病痛要有耐心，我会呼吸到更糟糕的空气。他们是对的。在兰州，我会在最后一丝骄傲丧尽后窒息。我喜欢体验极限，勇破纪录，而这座城市可以说是世界上污染最严重的城市。

中央加强了宣传：中国应该更加重视环境，必须痛苦地承认这是与其发展有关的。但他们几无行动，甚至连惩罚都没有。许多工厂与当地政府合谋，继续以最低成本生产制造，丝毫不考虑生态问题。

---

1 机械马，指掘取石油资源的大型机器，形状似马。——译者注

“大风永不停之路”。因为在这片世界尽头的高地上，大气永远无法平静。风不断摧毁一切，村庄、城市、农场、人的面容，直到它们吹到高山的侧腰，仿佛撞上了一条回廊，擦出深深的皱褶。

“沙香之路”。被上面提到的风裹挟着，沙粒钻进你的鼻孔，占领你嗅觉的中枢，不给其他任何气味留出一丝余地，不管是洋葱、葡萄还是茉莉的香气。

我和卡特琳·戴思博对这些名字讨论了许久。作为一个学生害怕的好老师，她对每个名字都不讨厌，尤其因为其中藏着朦胧的异国情调。

“中国值得细细品味。”她不断重复着。

怎样才可以不用向她说明理由？

洞中的图书馆

敦煌（中国）

若你感到消沉，千万别去柳园。在我此生去过的所有地方之中，那里是一切绝望的中心。褪落的墙面、泛黄的色彩、斑驳的行道、路上的沟壑，都让我们体会到柳树的忧伤。至于地名中的那个“园”，则无半点痕迹。在全国发展的大计划中，中央怕是遗忘了柳园，或许是为了惩罚这里的人们。也别指望能在附近找到什么高兴的人。废石堆，遍地的废石堆都出自一座铜矿，这里让游客们想起尘土，它也因而归于尘土。

从火车上下来，我们能挑到一辆好的出租车吗？

出于保护司机的想法，我只能说他带我们沿着这条一百二十公里的路一直开向尽头，沿途没有任何村庄，没有任何娱乐场所，直到某一刻，我们的左侧忽然出现了一座海市蜃楼般的城市，那其实是一片巨大的风车林。

但这并没让我们的神经放松：他不停地减速。他是因为车没油了，还是为了要遵守某项十分严格的限速规定？一片棉花田从葡萄园中穿过，我们行进得很慢，大卡车都从我们身边超了过去。

※

“敦”指“高处”。

“煌”意为“光明”。

一个“闪闪放光的高处”是什么呢？

海员们的第一反应会是：灯塔。

而这正是敦煌所担任的角色。

敦煌是丝绸之路上最后一座真正的中国城市，再向前，就将面对塔克拉玛干沙漠。或者，对从他乡归来的人而言，那是眼前出现的第一点闪光，是第一抹人烟的痕迹，是第一道明证，证明我们已脱离危险，成功穿越艰险。

塔克拉玛干沙漠给人带来的恐惧堪比汪洋大海。

那里的风同样狂烈。细沙卷起的大浪不论高度还是速度都不输海洋，可以让沙漠上的商队在瞬间消失，人财两失，就像暴风雨吞没船只。正因如此，敦煌成了当之无愧的灯塔。

我得了一种与地理有关的病。有些地方让我太过着迷，以至于我必须立刻动身前往，就算粉身碎骨，也要去那里问个好。像合恩角，像白令海峡。

那敦煌为什么也是其中之一呢？

我来告诉你这样一个故事：

1907 年 3 月 12 日，刚到敦煌的英国探险家奥莱尔·斯坦因听到传言，一个名叫王圆箓的道士（曾做过农民和士兵）意外地发现了一批宝藏。他在莫高窟负责清扫不计其数的洞窟（共四百九十二座），这些洞窟中画有壁画，饰有雕塑。在清扫其中一座洞窟时，壁画的一部分剥落，露出了里面的墙体。王道士搬开石块，发现一座隐秘的洞窟，里面堆放着成千上万册经卷。

“那个王道士在哪儿？”斯坦因问道。

“去化缘去了，为了给他负责的维护项目筹钱。”

“他什么时候回来？”

“也许三周后，也许更久。”

为了打发时间，不知疲累的斯坦因翻新了“瞭望塔”。

王道士终于出现了。

怎么说服这个小个子拿出他的宝贝来呢？

斯坦因搬出的救兵是一千两百多年前的一位重要人物——传奇的伟大行者玄

奘，他用二十匹马驹从印度运回了最珍贵的佛经。

因为这位他们共同崇拜的法师，王道士相信了他，同意拿出一部经卷。

斯坦因的助手蒋孝琬连夜研读，他是一位学识渊博的学者。

黑夜过去，天亮了起来。

“这经文，我可以保证，是由玄奘本人翻译的。”

王道士一摇一摆地踱步，斯坦因接着说：

“这恰好证明，这位伟大的行者冥冥之中选择了向世人启示的时刻，也选择了担此重任的人！（也就是我，斯坦因！）”

面对这样的预言，王道士别无选择，唯有退让。他领着两个人一同去往他的圣地。

※

今天，2011 年 9 月 18 日，我来了。

我们的出租车司机漂亮又健谈，二十五岁，已经结婚，有一个八岁的儿子，她说：“我讨厌浪费时间。”

或许也正因如此，她对交通法规置若罔闻，开起车来像个疯子。

她的洒脱让人猜测她是有什么靠山，或是有什么像我一样为她的长相而倾倒的人成了她的后台。

在躲过不知道多少辆三轮车，在汽车和火车中的夹缝中转出不知道多少个一级方程式比赛级别的大回转之后，我终于活着来到了莫高窟，一边颤抖个不停，一边向上帝祷告，感谢他又一次赦免了我。

要欣赏这里最纯正的魅力，需要做一些必要的心理操练：

第一，装作没有注意到那两座大酒店（规模巨大），也没注意到火车站（同样规模巨大），以及机场（还算是普通规模，但一架架大飞机都在那里等候着）；

第二，别在意你身边推挤的人群，忘掉那些欣喜若狂地欣赏秋天的月亮的人，只管拥抱这个国家辉煌的过往；

第三，试着听听鸟儿的叫声，虽然管理者选择的背景音乐都是平克·弗洛伊德风格的；

第四，抑制住你心中的反感，因为你将发现这座传奇山丘的侧面，从上到下，从左到右，全都涂上了一层灰褐色的砂浆，凹凸不平，就像是重新粉刷过的墙壁，而且，这四百九十二座洞窟，每一座都有大门把守（显然很必要），门上标有一个号码（这也可以理解，想想刚才提到的那个总数）。这就像是监狱里的一间间牢房，分布在三层楼上，由混凝土台阶连通。

你心怀遗憾，悔恨没有早一百年来到这里，不做游客，而是做一名探险家，独自一人或多个伙伴，再带上一匹骡子。

根据大量老照片推测，你看到的，将不过是一座千疮百孔的山丘，四处散布着凭空矗立的佛塔，它们之间通过梯子或小路相连。

怀念有什么用！

你一定心绪难平。

我们先从 257 号洞窟开始，在那里迎接我们的是弥勒菩萨——未来之佛。围绕着中央的支柱，周围的墙上画满了故事，其中包括九色鹿的传说，它从水中救起一个男人，后来这个男人出卖了它。

随后，我们又继续参观了 156 号、296 号、419 号洞窟……每一次我都进入了一个佛教的崭新世界，每一次都从全新的故事中得到抚慰。

每一次，我都感觉像是家人团聚。卡特琳·戴思博向每个人问候：

“看啊，这是释迦牟尼和多宝佛！那里的，是阿难陀。啊，那两尊菩萨像多美妙啊！”

而我感到，这些神明都给了她回应：“你好，卡特琳，感谢你来拜访我们！你那所东方语言学校还好吗？他们真的用首字母缩写给它换了一个可怕的名字，叫什么‘伊纳尔科’？”

※

“你是不是已经忘了你的图书馆！”

还好有一直很细心的戴思博女士在，适时地提醒我。

从一个洞窟走到另一个洞窟，我真该在那里住上几天，甚至度过整个余生，试着找回过去的时光，那时的我依偎着母亲，充满热情，如同吸吮奶水般，饥渴地听她给我讲故事。

我梦见了两种截然相反的生活方式：静静地，在大山母亲的空洞中不断地描绘着、雕塑着一个个故事；抑或踏上旅途，默默地穿越无尽的沙漠。

※

17 号洞窟，我此行的最终目的只是一个规模很小的洞穴，占地三平方米，高三米。它是在 16 号洞窟入口右边墙上挖出的一个小洞。

如今，洞中只有一尊洪辩法师的雕像，他是公元 9 世纪时唐朝的僧团领袖。

但王道士刚发现其入口时，里面可是藏满了经卷。

斯坦因和蒋孝琬匆忙却又不失谨慎地筛选着。速度必须要快，因为当地的知县已经下令要将藏经洞的文献运往兰州。

王道士是否能接受其中一些文献被运往遥远的英格兰呢？那里有学术研究的圣殿。

这位小道士没有迟疑太久。斯坦因刚给了他一笔巨款，足够让他进行洞窟修缮工作。

不久后，几经波折，二十四箱经卷安全抵达大英博物馆，还有五箱绘画，十几箱雕塑、花瓶、珠宝和刺绣。斯坦因向女王骄傲地宣布，这些只耗费了国库 130 英镑。

法国人伯希和于次年（1908 年）来到敦煌，他列出了第一份清单。他的学识远在斯坦因之上，会十三种东方语言，其中包括汉语。

也正是他通过考察文献推算出洞窟建成的大致年代：公元 1000 年左右。

后来几年中，其他探险家们纷至沓来。其中包括日本人吉川小一郎（1911 年），俄国人奥登堡（1915 年）、美国人兰登·华尔纳（1924 年）……

他们割开壁画，他们带走雕像与成千经卷。

于是，这座完整而又隐世千年的图书馆被拆散到世界各个角落。

但这也使它部分地得以免遭其他破坏：20 世纪 20 年代，俄国白军士兵被囚禁在这些洞窟中，对其造成的毁坏程度可想而知。

各种破坏行为直到 1943 年才真正杜绝，中国政府建立了国家研究院，将所有剩余的珍宝进行收集整理。

阿拉伯人的时代

撒马尔罕（乌兹别克斯坦）

在好几个世纪里，纸都是中国独有的。后来，渐渐地，商人们将它带到了亚洲各地。

而身处印度河以西的我们，还只能使用纸草和羊皮纸。

随后，到了公元751年7月。

这是一个重大的日子。

不管是对纸而言，还是对世界历史而言。

很久以来，阿拉伯人和中国人都一直为中亚的控制权而争执不断。

当作为阿拉伯人盟友的吐蕃人威胁到中国的商路时，唐朝的政权开始反击。

两军在距离撒马尔罕不远的塔拉斯河两岸对峙。

经过五天的激烈战斗，中国军队败下阵来。中原大国结束了扩张，西侧的边界再也没法超越。

而对阿拉伯人来说，751年的战争是对732年战斗的复仇，塔拉斯大捷一雪普瓦捷战败之耻。在西边被法国阻截的扩张野心在远东实现了。

对纸而言，这是个好消息：它将征服一个崭新的世界。

※

撒马尔罕一被攻下，中国工匠在那里制造的这种神奇的材料就被阿拉伯人发现，他们书写时再也不想用别的东西了。

哈里发曼苏尔刚刚选择了巴格达作为首都（762 年）。他对纸非常喜爱，不仅因为它的质量，也因为它的脆弱：这让它必须保持“正直”。而其他材料总能被毫无损害地擦去字迹，名字或数字，甚至连签名都可以在瞬间被替代，而外人都还被蒙在鼓里。这种容易助长错误的特性对一个统治庞大帝国的人来说是不可容忍的，哈里发必须要让自己发出或传递的文件有威信。

于是，纸开始了它的西征。这需要一些时间，因为如果决定使用纸，光靠购买是不够的，还要学会大量制造。

在整个中东，生产中心星罗密布，尤其是在底格里斯河沿岸。

就连埃及也甘拜下风。

阿拉伯人的纸传到地中海后，人们发现它和这里已经使用了三千多年的古老纸草十分相似。两种材料都用植物制成。

纸由液体状的糊浆制成，是同质的混合物，而纸草则由纤维编织而成。这些纤维来自尼罗河上的一种芦苇。在茎秆的内部有一种纤维髓质，人们将它切成薄片。

先用这些薄片垂直并排铺开成一层。

然后在上面铺上第二层同样的薄片，但是水平排列。

再在上面喷洒河水。

随后长时间地反复捶打，让水平层和垂直层紧密交错。

最后只要让它在埃及的烈日下晒干、漂白就可以了。

可以用石块打磨它的表面使其光滑，也可以加入一些淀粉，方便书写。

把几页纸草缝合在一起之后，还可以制成纸草卷。

因为这两种书写介质的相似性，很多语言都给这位“新客人”起了一个和纸草相近的名字：法语中的 papier，德语中的 papier，英语中的 paper 等，都和表示纸草的 papyrus 很相近。

需要说明的是，我们给它起的这个名字也带有神圣、尊贵的含义。

表示纸草的 papyrus 和表示法老的 pharaon，两个词的词源同样是 papouro，意思是“尊贵的人或物”。

埃及使用纸草一直到公元935年。

※

纸的扩张还在继续。下一个被征服的是马格里布。

首先是突尼斯的凯鲁万，随后是摩洛哥的非斯，从12世纪初算起，至少已经发现四百个造纸用的研磨机。

860年，西西里岛被伊斯兰教徒入侵，1072年又被诺曼人攻占，使得那里成为文化和科技交流的家园。纸经由巴勒莫“攻占”意大利。

在这期间，西班牙也未幸免。犹太工匠在那里担任着类似撒马尔罕的中国工匠的角色：制造和贩卖纸，因而他们也参与进了黄金时代。开明、包容的倭马亚王朝统治时，安达卢西亚的经济和文明发展辉煌灿烂；穆瓦希德王朝时，原教旨主义的统治者们将犹太人从他们的主要聚居地科尔多瓦赶走，犹太人怀揣自己的知识北上，其中就包括与纸有关的那部分。

※

对阿拉伯人而言，纸不仅是一样实用的工具，可用于行政和商贸管理，它还是一切知识的首要载体。

我们这群天性傲慢的法国人乐于相信，百科全书是我们独有的，而我们18世纪的启蒙运动在世界思想史上是无可比拟的。

只要看看几本作品的书名就足以迫使我们闭嘴，这些书是阿拉伯人写的，时间是公元750—1200年。

贾希兹的《动物之书》：对动物相关知识的全面总结，其中还包括诗歌方面的知识。

阿卜杜勒·阿齐兹的《诊病全书》：共三十卷，包括当时所有的医学知识。

拉齐的《包罗万象之书》。

别忘了阿维真纳、阿威罗伊、迈蒙尼德……以及稍晚一些的波斯学者达乌德·巴纳基和他的作品《智者的花园》（1317 年）。

这种学习和传递知识的狂热全都仰赖，也必须仰赖——纸。

纸还承担了一个更崇高的职责：记录神的话语。

穆斯林，和犹太教徒及基督教徒一样，都有圣卷经书用以传诵。他们的圣书中都有启示的箴言。而纸作为圣书的载体，也参与了启示的过程。

这是传说还是事实？

我想起了那一百七十位妇女，她们在科尔多瓦的一间大屋中，不分日夜地抄写着《古兰经》。

直到 19 世纪以前，伊斯兰教官方都拒绝印刷。先知的话语不能交付给盲目又不具人格的机器。

甚至就连复制图像都被认为是背叛信仰的，同样的，神的话语也只能经由人的手传递。

也就是人手写的神圣字符。

也因此，这些字符极其复杂，因为书写也是祈祷。

也因此，所用的纸无比奢华。对他们来说，书籍再美也不为过，不管是涂以金子、大理石斑纹，还是用最珍贵的染料，因为它们都是神之言所寄居之地。

每一本书都是一处神的存在，一座平面的清真寺。[1]

---

1 如果你想要了解更翔实的细节，我推荐皮埃尔-马克・德比亚西与卡琳娜・杜普利茨基合著的《纸的传说》（亚当・比罗艺术出版社，2002年版）。上面的历史叙述很多都来自这本优秀的书。

马尔凯与翁布里亚的颂歌

法布里亚诺（意大利）

我看书看得有些累了，于是重新上路。不再是那条丝绸之路，而是绘画、风景、馅饼、橄榄油与美酒之路。

你们大概能猜测到：我现在要去意大利继续我的研究。

亚洲早就被攻下，继而阿拉伯世界也受其诱惑，为何欧洲却迟迟没有屈服于纸的魅力与优势？

首先冒出的回答令人忧伤：基督教对它毫无兴趣，因为觉得并不需要。中世纪时，教士在阅读和书写方面拥有几乎绝对的垄断权。对于他们的抄写和插画工作，羊皮纸[1]已经足够。

找一只年幼的动物，不管是小绵羊、小山羊还是小牛犊，就算是小骆驼也行，只要它的皮够软。最贵重的就是死产的幼崽了。

接着，将皮拉到将要破裂的极限，好让纤维整齐排开。

随后进行浸泡。将皮放在活水中清洁，再放入石灰溶液中浸泡几日。

取出后，在架子上摊开，再次拉伸，用小刀使其变得柔顺，用白垩在上面摩擦……

这样制造出的羊皮纸光滑、柔软又不失强度，会让你感觉之前的一切努力都不白费。

1 羊皮纸（parchemin）一词的词源意思是“帕加马的皮”，帕加马位于小亚细亚，据说羊皮纸就是在那里发明的。

对于欧洲用纸的延迟，另有一种很有趣的解释。在他们看来，纸是阿拉伯人发明的，亵渎宗教，是恶魔之作。这种记录《古兰经》的介质，领受耶稣福音的教徒们可不能接受。

于是，1221年，腓特烈大帝颁布法令，禁止将这种亵渎宗教的物质用于行政文书。

但这些阻碍都不够大。开始是通过日常的商路，尤其是经由威尼斯和热那亚的港口，随后又因为意大利人的生产制造，纸最终还是夺下了整个欧洲。

脑中滚过这些历史信息的同时，我也离我的目的地越来越近。经过阿雷佐和佩鲁贾之后，就到了阿西西。

在意大利的中部，翁布里亚和马尔凯可不像它们著名的邻省托斯卡纳那样温和。这里的大自然更加粗犷、严酷，有时山林起伏，常常秘境难寻。

正是在这里，13 世纪时，圣方济各想要为一场新的人文运动奠定基础，为此，他宣扬回归耶稣最初的教诲：爱。爱一切生灵，轻视除爱以外的一切行为。

也是在这里诞生了欧洲的造纸工业。在传播上述价值的使命中，纸这一材料担任着重要角色。

我没有想过要把我的功劳和朝圣者相比，他们从世界各地赶到教堂，拜倒在被冠以“穷人”雅号的圣方济各的墓前。

但若要去造纸业的故都，则真的要下定决心。穿过狭长的山谷，躲过急速驶往安科纳港口的货车，还要抵御去寻找牛肝菌的诱惑，据说这片菌在附近的（橡树、山毛榉、栗树）丛林中有很多。

眼前终于豁然开朗，法布里亚诺出现了，这座小城是工业重镇，却安静祥和（有三万居民）。尽管拥有光荣的历史，但幸存下来的只有一间长长的工厂，主要用来制造纸币。

在这偏远的地方，自 1250 年起，便有一座，随后十座，直至六十座作坊选择坐落于此，为欧洲相当多的地区生产纸张。该如何解释？

有一个传说或许可以解答这个问题。

曾经有一群阿拉伯海盗，出没于第勒尼安海。他们的船遭到安科纳海军的检查。被抓后，他们被带往一个与世隔离的、难以轻易逃脱的地方，这就是法布里亚诺。

而这些阿拉伯人中，有一些在做海盗前，从事的是一个高尚的职业：造纸匠。他们用自己的技艺换回一个更好的命运。

克洛迪娅夫人讲述完这个故事后，并没有停在这个浪漫的解释处。她很了解经济，毕竟，她可不是毫无理由就当上这座城市最重要的博物馆的负责人的，这座博物馆展出的，你也应该猜到了，就是——纸。博物馆在一座优雅的砖瓦房中，这里曾是道明会修道院。七个半世纪以来，对知识的渴求从未离开过这里的红道砖墙。

“和人们想的不同，法布里亚诺并不是因纸而生的。长久以来，织造业和皮革制造业都因我们的雅努河而繁荣，铁匠们也想出了各种手段利用这一免费的能源。这里早就蓄势待发。”

克洛迪娅带我来到一根有些可怕的木质缆桩前，巨大的圆柱上分散出许多分支。

“我相信全世界都应当感谢这台机器，虽然有些人不同意。看，五根木槌深入槽缸，靠河水作为动力，纺织原料的碎片在里面被捣碎，这就是我们的原材料。从前，这一步又繁重又缓慢，对工人们来说，是最要命的活。”

我拍手称赞。

“我们做出的第二项贡献：要在纸上书写，就要处理纸的表面，否则纸浆会把墨水吸进去。中国人用的是某种植物熬出的汁；阿拉伯人用淀粉浆，也是植物；而我们想到了请我们的皮革制造者们帮忙：他们为我们送来了皮革制作过程中熬出的汁水。太神奇了。第一次尝试，动物胶质就带来了意想不到的效果。多亏这种运用简便的胶状物，纸张不仅得到保护，还适宜于各种书写方式。想必植物的纤维一直等待着动物的合作，以便更好地为人类服务。”

我忍不住笑了出来，轮到克洛迪娅掉入陷阱了。

我们继续这场“战斗”，保持精神的航向，专注讨论科技的现状，有时候，我们转向象征的事物，例如诗歌，甚至宗教。但这一切都是徒劳。

不过克洛迪娅又继续开始讲了。

“我们的工匠们还在不断地发明，迫于竞争的压力。”

作坊越来越多，不仅在意大利，很快还散布到欧洲各地。为了保护造纸的秘密，法布里亚诺决定禁止传授外人秘诀。外传的人都将受到严厉惩罚，被举家放逐，财产充公。但要怎么保护其免受模仿呢？

法布里亚诺想出了办法：用铜摆出一串小字符，缝在盛放纸浆的铜质筛网上。只要将纸抬高放在光源下便能看到留下的痕迹。这便是水印的由来。于是，每个造纸厂都有了自己的签名，就和商标一样。别相信那些嫉妒说谎的人：水印的出生地就在此地，不在别处！

我很想在这座迷人的小城再多停留一会儿。在这珍宝般的历史名城中走走逛逛：波德斯塔宫、慈爱礼拜堂、詹蒂莱剧院。去令人惊奇的自行车博物馆，向它献上应有的敬意（啊，那辆冰淇淋商家的淡黄色自行车！啊，那辆装着电影放映机的自行车……）。可能还会成为蒙泰韦尔德家的朋友，回到这家坐落于巴尔博路31号的Regalo Bello餐厅吃顿饭，在12世纪，这里曾是蒙蒂尼宫殿，如今是一家饭店（很美味）、商铺（销售稀有的纸品，以及当代陶瓷制品）和玩具店（木质和毛绒玩具）；这里的人会一边为你端上美味的意大利面，一边和你谈论建筑，引用莱奥帕尔迪的名言，甚至微笑着向你保证，世界会因为善良的人而变得更美好。

我更常专心品尝的另一道特色美食是一种与众不同的香肠，据说为了它，加里波第都亲自舟车劳顿地前来品尝。

要离开这样一群总是微笑的生活天才，难免感觉心痛。

但我还有路要走。

我发誓一定会再回到法布里亚诺。

这绝不仅仅是为了了解三位当地名人更多的事迹：

弗朗西斯科·斯泰卢蒂（1577—1652），诗人、数学家、天文学家、博物学家，伽利略的好友。

皮耶特罗·米利亚尼（1744—1817），重要造纸企业的创立者，这家企业至今仍存在。

最后一位却并非最无足轻重的是，雷吉纳尔多·森蒂内利（1854—1913），贪吃这项罪行无可争辩的革新者，正是他创造了上文提到的那种无与伦比的美味香肠。

我们不禁要问，意大利为何以及如何能抵御一切：政治上，轮番抵御着平庸的雕虫小技和龌龊的伪君子；抵御黑手党的为所欲为；抵御普遍而愉悦的混乱……

法布里亚诺或许可以给出一部分回答。

意大利的城邦，不论大小，从中世纪起，便学会了如何保护它们的工业、它们的创造性，以及它们的生产能力。

它们了解自己国家与生俱来的弱点，又对各自的独立心怀嫉妒，因而它们能依靠的只有自己。

也因此，对于法国人的嘲讽和德国人的蔑视，意大利人总能保持漠然。

关于造纸作坊的小小词汇表

欧洲

14 世纪。

欧洲从沉睡中醒来。

对于纸这种漂亮的异国材料的兴趣与日俱增，在上面书写实在太舒服，太柔软，太方便了。

为什么还要继续向阿拉伯人购买呢？

我们就不能自己制造吗？

人们想起了筹备造纸作坊。

到了冬天，人们百无聊赖，没有东西可以研磨，没有小麦，没有橄榄。

那就造纸吧，那是另一种面粉，“精神的面粉”。

让我们走进一间这样的造纸作坊，了解这一小群在“作坊长”领导下工作的人。[1]

首先要认识的是“拣布工”。这些女工负责准备原材料，也就是布。先挑选、洗刷、分拆、日晒漂白，然后将布切成带状，随后运到“浸布车间”，在盛满水的巨大槽缸中浸泡几个礼拜。这些不幸的布的痛苦旅程才刚刚开始。

因为随后我们就要将它们放到满是钉子的木槌下捶打。

---

1 皮埃尔-马克·德比亚西和卡琳娜·杜普利茨基，《纸的传说》，前引书。

经过几个小时的激烈捶打，只剩下浆水。将其灌入水缸中，掺水调配。

随后便交给“开模工”。

他们手里有两件工具：

一块“模版”，即一块矩形框，其中交错着“铁丝”、冷杉木的茎秆和“铜线”，共同形成一个筛子；

一块“盖板”，即一个木框，模版刚好可以嵌入其中。

开模工有一名助手，叫作“万能工”。他们一起将模版浸入盛满浆液的槽缸中。

从里面取出后，水从筛子的开口处流走，只留下原材料。

为了让表面均匀，“开模工”从前到后、从右到左摇动模版。浆液在模版中变成了纸页。“开模工”将整个模版放在桌上，在上面盖上一层毛毡，随后忽地一下将它整个翻转。纸页于是落在毛毡上，开始滴水沥干。抬起模版后，它便完成了任务。接着继续用它去制造另一张纸。

纸页沥干后，可以看到“铜线”在上面留下的痕迹。所谓“直纹纸”便由此而来。18 世纪时，人们发明了“仿羊皮纸”，网格越来越精细，才能够做出这种上等纸品。

两名优秀的工人，即一名“开模工”和一名“万能工”，每分钟可以生产八页纸。

接着是“起纸工”。

因为纸还在渗水。

将二十五张纸叠放在一起，每张之间都用毛毡分隔，三个人将这堆纸放到压床下。

水便向外喷涌而出。

“起纸工”现在要将纸分开，另一位“回转工”帮助他。

真正的干燥程序现在才开始。

有新的女工加入。

她们叫“铺展工”，工作是将纸像布一样固定在绳子上。

最后一步：上胶。要在纸上涂上一种物质，以便书写，防止纸张吸收墨水。

这种物质是一种胶质，是将骨和皮放在锅中炖出的汤水。接着，“上胶工”立刻将一叠纸浸入其中。

接着是重新挤压。

再重新干燥。

向纸问好吧！

沉浸在古老的书籍中时，有谁会知道需要多少种分工才能制造出“精神的面粉”？

“拣布工”“开模工”“万能工”“起纸工”“上胶工”“铺展工”……向他们致敬！作坊长，也向他致敬！

有一些作坊还保留着传统。在这里，你可以学会如何用古老的方法造纸。

有人会像雅克·布雷茹一样，在他的果园作坊[1]中接待你，这间作坊在夏朗德省的皮伊穆瓦昂市，靠着一条名副其实的“清水河”。

这位造纸业的大师，曾受邀前往世界各地。我只在日本遇到过一位学识和苛刻程度都与他相仿的高人。他的妻子纳迪娜·迪曼负责教授图书装订。

1 皮伊穆瓦昂市，7号邮政信箱，邮编：16400，电话：0545653733。

官　僚

法国人对管理的热爱不是从现代才开始的。

……

第七条：禁止主要制造者制造或请人代为制造、经销或零售除本法令所附价目表规定之外的其他种类及质量、其他尺寸及重量之纸张，或不符合其规定的其他纸张；禁止所有商家购买、经销或零售其他不同种类的纸张，不论是其尺寸还是重量方面，抑或是未符合本法令所规定的：同样禁止主要制造者及商家，无论在何种情况下，经销、购买或零售破损或废弃之纸张；除用上述第六条所规定的方式之外；若有违反，将没收上述纸张，并处以一百法币罚款。

第八条：所有纸箱的尺寸和重量必须由工人决定，并供他们使用；其制作可以用废旧纸张，或是卡纸边料或纸张边料，也可以用旗帜、碎布、破布或废布（注 1）。

第九条：除 1739 年 1 月 27 日议会法令之第八、九、十六、十九、二十、二十一、二十二和二十六条与本法令对应条款相抵触，上述 1739 年 1 月 27 日法令所附价目表与本法令所附价目表相抵触之外，其余条款按照原来的形式与内容执行。

第十条：嘱咐巴黎市警察局总警长阁下，及派驻全国各省及各财政区的行政长官和派员（注 2），协助执行本法令，于各需要处宣读、出版及张贴。立于 1741 年 9 月 18 日，凡尔赛举行之国王委员会，国王陛下亦出席。

签署人：菲利波

（注 1）使用布制造纸箱的自由在 1739 年的法令中被剥夺，但在本法令第八条中得以恢复，这与前一个法令的第二十六条相抵触。

（注2）这一职权随后每隔五年都会有不同的议会法令加以延长，直至1760年5月4日。

价目表规定全国生产的不同种类的纸张每令[1]之重量，以斤为单位，依据马克[2]计量，每斤为16盎司；同样规定下列各种纸张应有的尺寸。

本价目表所列的不同种类纸张的规定重量，不论何种质量，只要种类相同，重量都必须相同，不论是精制纸、普通纸、淡黄纸、粗糙纸、旧布纸。

大雄鹰纸，长36寸6分[3]，宽24寸9分；每令重131斤或以上，不得低于126斤。

大太阳纸，长36寸，宽24寸10分；每令重112斤，不得高于120斤，也不得低于105斤。

太阳纸，长29寸6分，宽20寸4分；每令重86斤或以上，不得低于80斤。

小太阳纸，长25寸，宽17寸10分；每令重65斤或以上，不得低于56斤。

大百合纸，长31寸，宽22寸；每令重70斤，不得高于74斤，也不得低于66斤。

大鸽棚纸，或称至尊纸，长31寸9分，宽21寸3分；每令重88斤或以上，不得低于84斤。

大象纸，长30寸，宽24寸；每令重85斤或以上，不得低于80斤。

小百合纸，长24寸，宽19寸；每令重36斤或以上，不得低于33斤。

大伦巴底纸，长24寸6分，宽20寸；每令重36斤，不得高于40斤，也不得低于32斤。

骑士纸，长19寸6分，宽16寸2分；每令重16斤或以上，不得低于15斤。

小骑士纸，长17寸6分，宽15寸2分；每令重15斤或以上，不得低于14斤。

双钟纸，长21寸6分，宽14寸6分；每令重18斤或以上，不得低于16斤。

大号角纸，长17寸9分，宽13寸6分；每令重12斤，不得高于14斤，也不得低于10斤。

---

1 令是批发纸张采用的单位，每令合500张纸。——译者注

2 马克为古代重量单位，合8盎司或半斤，相当于现在的244.75克。——译者注

3 在法国古代，1寸合现代27.07毫米，1分合现代2.25毫米。——译者注

超薄大号角纸，与大号角纸长宽相同；每令重 8 斤或以下。

尚皮纸，或称混合纸，长 16 寸 11 分，宽 13 寸 2 分；每令重 11 至 12 斤或以上，不得低于 11 斤。

长裤纸，长 16 寸，宽 12 寸 6 分；每令重 11 斤或以上，不得低于 10 斤。

掌中小纸，或称掌中花纸，长 13 寸 8 分，宽 10 寸 8 分；每令重 8 斤或以上，不得低于 7 斤半。

小耶稣纸，长 13 寸 3 分，宽 9 寸 6 分；每令重 6 斤或以上，不得低于 5 斤半。

其他宽度低于 9 寸 6 分的不同种类的纸，其尺寸和重量需经过申请。

印象纸，或称饰带纸、灰胶纸、褐掌纸，以及吸墨水纸，或称少女纸，以及灰色和彩色的纸，其尺寸和重量需经过申请。

接下去还列了五十种其他种类的纸！[1]

1 本章中的引文节选自拉朗德于1820年出版的《造纸艺术》一书。

布的战争

莫埃尔纳克（法国）

在法国美丽的阿尔萨斯大区南部，有一片叫南郡的神秘土地配得上人间天堂的美誉，享有同样美名的还有智利的奇洛埃岛、英格兰的湖区、越南的海云关，以及意大利的阿雷佐地区。

这里的山谷并不深，每年开两季番红花，这里的山丘呈圆弧形，牛羊比人还多，黑暗的森林足以吓退小孩。

我对这一地区很熟悉。我母亲过去常常带我来这里，其中的原因，我很快就猜到了：她和一位山区医生维持着一段爱情，他来自俄国，曾经是外籍兵团士兵，他的父亲是大歌唱家夏里亚宾的经理人，他还是个很会讲故事的人。

虽然我很喜欢听他讲故事，但那些故事早已忘干净了。每次趴在桌上吃剩的煎鲤鱼盘子旁睡着之前，我总能兴高采烈地听他讲那些充斥着走私犯的故事。

南郡紧邻瑞士，长期以来从这位近邻处得到了相当多的资源和主要的乐趣。如果没有海关和走私犯之间永恒的猫捉老鼠的游戏，生活的乐趣会明显减少。而且可以肯定的是，当地已经非常成熟的酗酒业[1]，还将继续称雄。

就是在这里，在我大约十岁的时候，我们在莫埃尔纳克住的农场旅店[2]双钥旅社

1 说这话的是一个被收养的布列塔尼人，所以，尤其是在这个话题上，他也没什么经验之谈。

2 农场现在已经不在了，但旅店还在。昂代兰一家人还在那里等着你们。餐桌上的食物绝不会让你们失望：鳟鱼、鲤鱼、青蛙，还有当季的野味。

中，我第一次听人说起了“布的战争”。

当时我就感到很困惑，直到最近我才开始研究调查。有一本罕见的书帮了我的忙：《阿尔萨斯纸张史札记》[1]，作者是皮埃尔·施米特，业已离世。还是要向他致以迟到的谢意！

没有布，就没有纸，因为在使用树木之前，布一直都是最主要的原材料。

拾荒者。

我们都已经忘记了这一小群人，在垃圾箱被发明以前，在有环卫工人按时清扫街道以前，他们依靠捡拾而生。

只有法语没忘记向这群可怜的人们献上敬意：捡破烂的人、脚夫、卖垃圾的人、拾贩旧布的人、拾荒的人、破衣烂衫商人、收破布的人、拾烟头的人、收破烂的人、收破铜烂铁的人……没有他们，造纸作坊永远也运作不起来。而随着印刷术的发明，对纸的需求不断上升，为了获取资源，战争如修剪刀掠过，点燃整片大地。

法语中表示争吵激烈的谚语，字面意思是“像群拾荒者一样打作一团”，这可不是偶然的。

缺布的情况在英国十分严重，政府甚至颁布了法令，禁止用裹尸布包裹死者埋葬，以便节约布料。而僧侣们必须奋起抗争，才能保护他们手中的早期书籍：拾荒者们想将它们装上马车，运往作坊。

阿尔萨斯从18世纪中期开始便不得不采取措施，因为德国和瑞士开出高价，以致所有的布都向着国境线奔去。

省长于是颁布禁令：

> 禁止一切个人，无论何种身份，在上阿尔萨斯和下阿尔萨斯地区内，收集旧衣物、旧旗帜、破布和布料、皮毛和羊皮纸的碎料，及其他用于造纸的类似材料，禁止将上述材料运出国外，并且禁止一切车夫、船夫和书贩装载及搬运，将上述材料运输往上述阿尔萨斯省外之地区，或是运往国外，违者将没收上述材料，以及用于或将会用于上述运输的全部马匹、车辆和船只，并处以三千法

1 莱纳伊克·勒迪古、克里斯特尔·塞登施迪克和皮埃尔·施米特：《纸张史》，罗纳德·伊莱出版社，1993年版。

币罚款，其中四分之一归于举报者。

尽管监察越来越严格，这一禁令的成效只是助长了走私，最终，一个人只要被逮到身上背着大包袱，就会被处以高额罚款。

米卢斯南部的一些边境村庄将走私当作了他们的主要活动。

约瑟夫·肯普夫就住在其中一个叫作施利尔巴赫的村庄中。他是“皇家军队中的背带守卫，负责阻止南郡和莱茵河沿岸的旧布走私交易”。

1760 年 5 月的一天，这位肯普夫先生撞见了十六个村民排成一队运送破布向边境前进。他并没有当场截获他们，而是警告他们，路上还有其他的守卫。他告诉他们这里有一个谷仓，他们也很乐意将货物存放其中。两天后，这群走私者来到肯普夫家中，把所有东西都砸得稀巴烂。他没有守护正义，因为……他将自己的战利品交给了和巴塞尔人有交易的其他拾荒者。

另一个时间，同样的事情，只是交易的对象换了。1981 年 5 月初，在两轮总统选举之间，我来到南郡，在这广袤宁静的地方睡上了二十四个小时。我当时身为总统候选人密特朗的跟班，已经回复了太多太多别人写给他的信。我在这片钟爱的风景中漫步了很久，就在费雷特的东面：兰斯多尔、圣布莱斯（贝特拉克）、利耶邦斯维莱、莱芒……越是日渐西落，这里的公路交通越是繁忙。在这条常常人迹罕至的路上，我从来没有见过如此的骚动。

回到莫埃尔纳克后，我来到“双钥旅社”问了问我的朋友们：

“你们这里发生了什么？”

我儿时的伙伴、昂代兰家的德德和加比温柔地朝我笑了笑：“埃利克，你跟问我公牛趴在母牛背上是做什么的那个时候比起来一点儿都没变。你的天真简直无药可救！这群勇敢的人害怕左派胜利，他们刚刚把自己的钱偷运到瑞士。”

这穿越两个时代的相似事件在同一地点发生，让我们意犹未尽，同样也不会忘记，过去用来制造银行纸币的也是棉花，以及布。

一次升空的故事

靠近阿诺奈的维达隆（法国）

气候变幻莫测。

几周以来，虽然气温整体回升，但古老的欧罗巴依然打着寒战。天又下起了雪，我又变得忧伤。我最亲爱的雅克利娜·德罗米伊刚刚离开了我们。我还记得我向她表露对古埃及的喜好时，她发脾气的样子："你怎么可以这样？这个被死亡纠缠着的文明……古希腊人，他们想着的可只有生。"

怀着如此哀伤、冰冷又苍白的情绪，我在里昂火车站坐上了6609次列车，去阿尔代什拜访一下飞行的先驱者们。

纸是记忆的盟友，是过去时光的保管人。

假如你想回到过去的某个时代，只要问问它就可以了。没有比纸更乐于助人的，虽然乐于助人也不是最合适的那个词，它是真正的乐善好施。也许因为它是由旧布造成的，所以它懂得怀旧。它绞尽脑汁为你打开那扇门，带你去往那个你恨不能经历的时代。

每个人都知道，A7公路是朝着太阳延伸的。它沿着罗纳河一路向前，穿过林立的化学工厂。

那一日我要去约会的不是地中海，而是18世纪。电话里，玛丽-埃莱娜·雷诺这样为我指路："你从勒佩阿格德鲁西隆出来，阿诺奈离那儿只有 15 公里。有很多交叉路口，但你不会搞错的。"

玛丽-埃莱娜说得对。我只要跟着指向康颂—孟格菲博物馆的箭头就行。于是我便来到了一个小山谷的尽头。

玛丽-埃莱娜在一座大房子的屋前等候着我。

"是的，孟格菲家族曾经就住在这里。他们需要大空间。父亲皮埃尔有十六个孩子，几乎都从事造纸行业。"

右侧排列着巨大的房屋，其中主建筑上挂着赫赫有名的铭牌"皇家制作坊"。

玛丽-埃莱娜点点头。

"这里曾经就是造纸厂。曾经有近千名工人在这里工作，现在只剩下办公室了。议会想要将这里变成培养企业的摇篮，会是什么企业呢？还是期待一下吧。孟格菲家族选择这里是因为有河流。那条河叫作德奥姆河，我们一会儿就去那里，你听说过那条河吗？"

怎么会忘记呢？它的嘈杂声充满了整个河谷。它在提醒着那些懵懵懂懂的人，这就是它的性格。

我们走进屋里。玛丽-埃莱娜向我介绍了她的父亲，他是一位强壮的老先生，目光敏锐。

"没有他，这里的一切都不会存在。他在工厂工作了四十年，对纸了若指掌。他曾经一台台地修复过这里的机器。"

随后，玛丽-埃莱娜便带着我在这里参观起来。

"我知道，你是为了气球而来的，但我们还是一样样来。先保持耐心，我想你有这样的好品质，毕竟孟格菲家首先是造纸匠。"

于是我们从一个厅走到另一个厅，参观了这座美妙的小小博物馆。

我了解了三件事情。

首先，我确认了一件事：没有河流，就没有纸。德奥姆河是这里所有工厂的母亲河，她为它们提供了水源（造纸，首先需要水）和能源。

紧接着，是得到一项证据：造纸是一项家族事业。孟格菲的家谱树形图本身就像是一片森林。要继承造纸工厂的康颂先生娶了孟格菲家的一位女儿。而激烈的竞争对手若阿诺家的人也曾（好几次）成为兄弟姐妹。这样的家庭关系延续到个人：

每一个人，老板或工人，在同一张桌上吃饭，在同一座（工厂）教堂里，参加同一场弥撒，住在同一个地方（只是住的房子类型不同）。

最后，是一种崇拜。三个世纪以来，孟格菲家族、若阿诺家族和康颂家族一直在不断发明创新，并且不断投资，将他们的想法变成现实。

在玛丽-埃莱娜乱七八糟的办公室里，我查阅了这些家族的通信：在一种持续不退的兴奋状态下，他们交流着数字、图表、计划……

这就是为什么他们能长盛不衰。

玛丽-埃莱娜把这些宝贝整理到箱子里，随后回来坐在我的面前。办公室里有一种假期的气氛，这让我想起了放假前的最后一堂课，老师满意地完成了他的教学计划。我有告诉过你们吗？除了担任博物馆馆长、儿童法庭陪审员、民选代表（担任过十年达韦齐厄市市长，现在是首席市长助理）以及各种组织的领导者，玛丽-埃莱娜·雷诺还是中学的历史老师。

那一刻到来了。她为我讲述起第一次载人飞行。

※

在波音公司的总部西雅图，或是在“空中客车”的故乡图卢兹，有人知道靠近阿诺奈的维达隆吗？就是在这座阿尔代什的小镇中，一对兄弟最先证明了空中交通的可能性。

我们来到18世纪。造纸厂一直都由同一个家族掌管，现在已经有了三百名工人。老板是皮埃尔·孟格菲。

要继承企业的是他的第十五个儿子，艾蒂安。他原来是一名建筑师，但也没有完全离开这一行业，因为他在巴黎为雷韦永的造纸厂设计了大楼。他的兄长去世后，父亲将他召回故乡。那时是1774年。

那时，孟格菲家的第十二个儿子约瑟夫对科学情有独钟，尤其着迷于亨利·卡文迪什的发现：“可燃空气”比空气轻十二倍。这种气体就是氢气，向铁块上倾倒硫酸就可以生产出这种气体。

因为生意的关系，约瑟夫经常去阿维尼翁，那里当时依附于教皇。也因为这个原因，那里的印刷厂非常多：它们不受法国政府审查，也不用向国家交税。

根据历史记载，就是在这座城市，约瑟夫取得了第一次“航空”方面的成功：他在一快缝成立方形的、下方开口的绸缎布料下加热空气，使其一直上升到房间的天花板。

自此以后，两兄弟的经验越来越丰富。

利用衬着纸的棉布，他们做出的气球越来越大，上升的高度也越来越让人震惊：1783 年 4 月飞上四百米高空，6 月飞升一千米高空，飞行时间长达十分钟，落地时距离起飞地点两公里远。

现在该是时候北上去巴黎说服国王了，因为迄今为止，整个计划都是孟格菲家自己在出资维持。

兄弟二人来到了位于现在蒙特勒伊路 31 号乙的“疯狂蒂东”。那里是皇家造纸工坊，老板是他们的朋友兼客户雷韦永。

1783 年 9 月 19 日，几经周折，一个高达二十米的气球呈现在了路易十六的面前。它将载着三只动物飞上四百米高空：一只羊、一只鸡、一只鸭。

试验一举成功，证明生物经受得起高空的考验。

该轮到人类飞上天空了。

国王依旧犹豫，迟迟不敢点头同意，他更希望将这样的风险转嫁给死刑犯。至于孟格菲的父亲，他义正辞严地禁止他的儿子进行如此危险的尝试。一名物理学家让-弗朗索瓦·皮拉特尔·德罗齐耶自告奋勇，他已经关注这项计划几个月了，知道如何通过维持燃烧麦秆的量来控制上升和下降。还有一位勇敢的乘客会随他出征，他的名字也值得牢牢记住：阿尔朗德侯爵，弗朗索瓦·洛朗。

1783 年 11 月 21 日，气球从米埃特城堡（巴黎第十六区）起飞。二十五分钟后，在九公里之外的卡耶高地，也就是如今的保尔·魏尔伦广场（巴黎第十三区）降落。

所有人都惊叹不已。孟格菲家族被封为贵族。他们打算继续他们的研究，“像这样走到星星那边”（Sic itur ad astra），这句话也从此成为他们的座右铭。

可是他们缺少经费。紧接着，法国大革命又爆发了。值得一提的是，参与气球制造的“疯狂蒂东”工厂的工人们，在攻占巴士底狱的过程中起到关键作用。雷韦永想要对他们征收新的税款，遭遇到他们激烈的反抗。

艾蒂安回到阿尔代什，重掌荒废多时的家族造纸厂。内心一直是名工程师的约瑟夫参与创立了“国家工业促进协会”，拿破仑为他颁发了荣誉军团勋章作为嘉奖。

发明家的苦难

1761年12月2日，路易·尼古拉·罗贝尔出生在巴黎。热爱自由的他，十九岁时穿越大西洋，投身于美国的独立战争。回到法国后，他找到了另一项事业：纸。

自17世纪开始，子承父业，迪多家就一直从事印刷、编辑、刻版、售书、铸字行业。

遵从这一传统，皮埃尔-弗朗索瓦·迪多在埃松省建了一家造纸厂。他雇用了前面提到的那位年轻人。

公司主要的客户是政府，尤其是财政部。大革命掏空了法国的财库，要让点钞机转得更快才行。于是迪多要求路易·尼古拉负责想办法加快生产。

路易·尼古拉很快给出了解决方案。1799年1月18日，我们的主人公申请了一项专利，发明了一台可以制造“超大面积的纸张，不需要任何工人协助，完全依靠机械”的机器。

经过机械设计后，这台机器会重复通常的步骤。

纸浆装在槽中，通过一个长柄木勺被倒在一条布满铜线网格的滚动传送带上。传送带一边向前滚动，一边晃动，水平摇晃以便纸浆散布均匀。

水随着重力流动，之后，盛放纸浆的传送带经过滚轮将水排出。

经过这次挤压，就会得到一张纸，用罗贝尔的话来说，它可以“无限伸展”。

迪多从他的雇员那里买下了这个专利。他没有立刻付款，而是许诺路易·尼古拉可以从造纸厂未来的收益中获得丰厚的分红。

此时，一个名叫盖博的英国人登上了舞台，他是迪多一个妹妹的丈夫，名字在英语里的意思是赌博。

这对兄舅是决定要一起合作推进这一发明吗?

或者更可能的情况是，这个盖博偷了发明?他穿过拉芒什海峡，加入了另外一个造纸企业——弗德利尼造纸厂。他在英国又申请了新的专利。

路易·尼古拉·罗贝尔并不承认被击败，何况他也还分文未得。他试着将迪多告上法庭，迪多最后将发明的所有权归还给他。

现在，他要自己去英格兰找回公道。这件事的复杂程度到了另一个阶段，弗德利尼家族片刻也未怠慢。

依靠盖博的专利，公司成立了一个小组，由两位才智过人的技术专家领导，他们是约翰·霍尔和布莱恩·唐金。他们不断改进罗贝尔的装置：提高长勺舀浆的速度，更好地控制传送带的运行，增大传送带的面积，模型生产完成了。1803 年，第一台真正运作的机器生产出了第一批纸张。其成果令所有人惊叹：它生产出了六缸纸浆的量!

其后陆续出现别的装置，运行效果越来越好。

手工造纸来到这世上，一个崭新的世界拉开序幕。

1810 年，迪多工厂倒闭，罗贝尔失业。

四年后，法庭宣判，承认他是机器的发明者。他向许多造纸厂推荐这种机器，其中包括莱斯特雷埃河畔梅斯尼的工厂，但都遭到拒绝。

绝望的他决定翻开新的一页，从事别的行业，其中包括教师；他也有几项新的发明，包括一台书写的机器。

命运最后又给了他沉重一击。

1826 年，菲尔曼·迪多，皮埃尔·弗朗索瓦的弟弟，买下了梅斯尼的造纸厂，以及英国机器的团队，机器就是唐金现在投入生产的那种。

路易·尼古拉·罗贝尔毁掉了他的“工具”，辞去了所有企业的职位，并于两年后去世。

他的命运让人想起众多其他的法国发明家。他们的发明因缺少信任和资助，而空留下笑柄，以及让别人赚取利润的机会。

发明家的苦难

立约人。

兹因昂古莱姆印刷商大卫·塞夏确证，能为槽内纸张均匀上胶，并且通过在纸浆中加入植物原料，或与目前常用的破布混合，或不加破布单独使用，能使各种纸张的造价成本至少降低一半，大卫·塞夏和宽泰兄弟决定合伙成立公司，根据所获发明专利，按照上述生产方法共同开发生产，双方协定条款如下……

[……]

1823年的上半年里，大卫·塞夏带着科尔布在造纸厂里生活，假如说不在乎食物、衣着和身体，这样也可以算作生活的话。他不顾一切地与困难做着斗争，换作宽泰兄弟之外的其他什么人看了，一定会觉得崇高无比，因为这个勇猛的斗士心中从未想过个人的利益。[……]他以非凡的睿智观察着物质转化为产品后的奇怪效果，人类的为所欲为，在某种程度上让物质本身的特性在悄无声息的抵抗中被驯服，而他则从中归纳出重要的工业定律，发现我们要想获得满意的产品，就要遵从事物的内在关系，即他所谓的物质的第二特性。终于，将近8月时，他成功地造出了在槽内上胶的纸，与当时同行业制造的完全相似。[……]其他的厂家害怕得更加相信各自的老方法；并且因为嫉妒宽泰兄弟，他们还散布谣言，说这家野心勃勃的工厂不久就要倒闭。[……]

到了9月，长子宽泰将大卫·塞夏叫到一边，当他得知大卫正在筹划一次成功的实验时，便劝说他打消继续奋斗的念头。

“亲爱的大卫，回马尔萨克看看你的妻子吧。你太累了，该休息休息。我们可不想累垮你。”他亲热地说着。

[……]

> 大卫·塞夏的发明像是为法国造纸业这具巨大的躯体注入了营养。因为采用破布以外的其他原料，法国生产的纸比欧洲任何国家都便宜。[1][……]
>
> 大卫与深爱他的妻子育有两子一女，[……]闲暇时拿文艺打发时间，过着幸福、慵懒的生活，经营着自己的产业。他告别了追求名望的日子，坚决地投身梦想家的行列，搜集起了标本；他专心于昆虫学，研究迄今为止依旧神秘的昆虫变化，现代科学仅仅知道它们变化的最终形态。

巴尔扎克为他笔下可怜的发明家取名塞夏，证明他对这项技术了解得很彻底。[2]造纸工厂不就是一个巨大的干燥器吗？它必须通过加压和蒸发才能脱掉纸浆中的所有水分，让纤维固定下来。

还有，文学万岁！因为它关心整个现实世界，包括工业！

---

1 巴尔扎克也提到另一项革命：因为破布稀缺，人们还使用树木作为原材料。
2 塞夏这个人名和法语中“干燥”一词非常形似。——译者注

伟人的内心深处

法国国立图书馆，巴黎（法国）

1月27日，一个星期四的早晨，我在皇家宫殿地铁站下车，往北穿过宫殿花园，我与时代的深处有一场约会。

米谢勒·勒帕韦克馆长正在维维恩路5号等着我，对面就是麦当娜和让-保罗·高缇耶最爱的裁缝店。

因为没完没了的修缮工程，我这趟穿越时空之旅一开始先要越过工地板房，接着再踮着脚尖穿过椭圆形的期刊室，登上一截铁质楼梯，左转再左转，经过一条长长的走廊，掠过两侧斑驳的旧墙，推开一扇（临时）办公室的门。另一位馆长接待了我，她叫玛丽-洛尔·普雷沃。就像领受圣餐一样，她抱着一块模版，长约六十厘米，宽约二十厘米，外面包着塑料气泡缓冲布。

她请我坐下。

我仿佛穿梭回了四千年以前。

我的面前摆着一卷纸卷，上面整齐地贴着一张张纸草。

玛丽-洛尔将它慢慢展开的同时，一位年轻的“高师人”克洛埃·拉加佐利在我耳边耳语着相关的信息。

她的博士论文是研究抄写员的书写实践，她对发现这一宝藏的古埃及学专家埃米尔·普里斯·达韦纳了如指掌。

“看，这段是用古埃及的僧书写成，是一种‘简略’的象形文字。符号依行排列，而非按列书写。抄写员们感觉这样书写更方便。”

这位姑娘时不时地为我翻译上一段。

“这段是一位维齐尔告诉他儿子的长寿建议，他将继承维齐尔在法老宫中的职务。题目是‘普塔霍泰普的教谕’。”

天增岁月……人渐衰老……视力下降，听觉愈弱……人至年迈：一切皆难……

她只是自顾自地练习，不曾意识到她描述的是我即将面对的未来。

倒也无妨，好在有她，让我回到从前。

从遥远的埃及回来并非易事。

我身边的三位“博学仙子”讨论了很久，最终才达成共识。玛丽-洛尔身为发言人，有些尴尬地说：

“虽然科学上无法证明，但我们有理由相信，您刚看到的是世界上最古老的书。”

从一份手稿看到另一份手稿，我就这样花了一个上午，顺着人类历史的时间之流而下。我的手表忙得晕头转向，而残忍的我反倒隔三差五地看它一下，享受着它的慌乱。

想象一下，10点15分的时候，我还在中国，身处敦煌的一个洞窟之中，面前是《莲花佛经》[1]，纸张规整，配上清晰的书法，令人着迷。写的看起来像是近代的会意文字。

这卷经卷是稀世珍宝，甚至有类似现代的版权页，最后的说明写清了时间是675年，抄写者是袁元悊。相隔1335年的时间，我将我的敬意献给了他。

勒帕韦克夫人突然打断了我：不必拘泥礼节，还是要有时间观念。

已经10点45分。12世纪的欧洲带着一份拉丁语词汇表在向我招手，我可以好几天沉浸在这份词汇表中：它一部分是羊皮纸，其余部分已经是纸张，它本身就是转变的化身。

1 此处应指《妙法莲华经》，即《法华经》。——译者注接着，我快速推进，来到了18世纪，在卡萨诺瓦凶险的陪伴下，我研究着如何从这座可怕的威尼斯“铅狱”中逃脱。

用一种会计师般的笔调，配上高贵却又宁静低调的字体，这位传奇般的风流才子讲述着他的人生，讲述他一生所经历的最难以想象的冒险。

用最完美整洁的文字讲述最混乱的故事，还有什么比这样的对比更令人动情？在陷入潦倒的窘境之前，这位情圣应该一直都保持着自我克制。还好勒帕韦克夫人一直在身旁，不然我也要被迷住了。

我正要对纸再次表达感激，感谢这个揭开作者秘密的不二之选，此时，维克多·雨果正拿着他流放时期的手稿等着我：《笑面人》《海上劳工》……

我们或许以为维克多·雨果并不在意将自己的一字一句付于何种表面。确实，他创作、勾勒、绘图时，手边的任何东西都可以用上：丝绸、卵石、沙滩……

但其实，没有人比他更疯狂。

只要能记录，一切都可以使用。例如，我们还在热拉尔·德内瓦尔的一封来信背面发现了一些草稿。

至于手稿，他可是根据作品计划而精心挑选的。

比如，纸的颜色就绝非随意。

他的《海上劳工》手稿只用白色的纸，而《悲惨世界》则不论写作的地点（布鲁塞尔或根西岛）或是年代（先是连续两年半，接着间隔十三年又重新开始），他都尽力找到同一种纸：天蓝色的纸。

仿佛这一色彩就是这一故事的栖居之所。

而且看得出，每个创作计划所购买的纸量也决定了这本书的规模。1866年4月，他在完成《海上劳工》后，记录道：“我写完最后一页时，刚好用完最后一张两年前买的夏尔纸。”

他甚至还努力在他的文本和其载体之间建立起呼应的关系：《心声集》中的一首诗写在他兄长的死亡通知书反面。

他在英国期间创作的作品《威廉·莎士比亚》《海上劳工》《笑面人》只能在伦敦出品的纸上完成，而《九三年》就用上法国的纸了！

作家的工作本质上是自由的，免于一切外界管束，免于考勤的义务，也就是说，有一天什么事都不做的自由，也不需要为自己的懒惰进行无尽的辩解，然而，大多数想要作品取得进展的作家还是会进行一些仪式。

又因为孤独是他们最初、最密不可分、最难以逃避的伴侣，他们必须找寻别的替代。

于是，纸便出场了。

有些作家写给纸的爱情宣言，就像是写给他们的妻子或是情人。

就像维克多·塞加朗如此赞美过韩国的纸："梦想中的韩纸，最高档的韩纸，如丝绒般柔软的韩纸，如珍珠般光亮的韩纸……"

还有更抒情的，听听保罗·克洛岱尔写的："纸啊！你从何处被发现？这如珍珠般的毛毡，透过它，我们看到了藻类、女士的长发、鱼的神经、星星与杆菌的文化、蒸汽，还有一整个变化中的世界，以及古老中国的怀旧愿景，在我身上收集起十五年甚至是一百五十万年的回忆……"

于是，我来到了四千年又两个半小时之前开始的一场旅行的终点。

勒帕韦克夫人递给我《追忆似水年华》最后一卷《重现的时光》的最后一叠手稿（编号第 20 号）。

封面是深蓝色的，没有什么特别。

但很快就让人感到头晕。

几乎每一页上都贴着各种大小和形状的纸，最小的只有名片大小，其余有展开后长一米的，像是祷文或是还愿牌，这些都是增补的内容。

我想要合上这份档案，仿佛窥探了他人的隐私而忽然感到不安起来。因为事实确实也是如此：我感觉自己深入的不仅是创作的幕后，而且是进入了普鲁斯特的脑中，我看着那些语句从他的脑中迸出，经过笔端，倾泻在这"卷纸"上。

我翻到了最后一页，第 125 页。普鲁斯特只保留了三行。其他所有内容都被划去，包括他在空白处写的草稿。

开头的字写着，"如此巨大的位置"，显然是接着前一页的某句。

"可以吗？"

玛丽-洛尔·普雷沃点点头，同意我翻回第124页。

我勉强辨认着上面的字迹：

> 倘若生命还留给我足够长的时间来完成我的作品，其中一定首先缺少不了我对这些人的描写……他们占据[……]

我又翻回最后一页。

> [……]如此巨大的位置，而空间中留给他们的位置又是如此有限，相反，这位置却可以无限延伸——因为他们像躺在岁月中的巨人，同时贯穿了相隔遥远的几个时代，其间穿插入那样多的时日——让这位置在时间中延伸。
>
> 完

在这间昏暗的办公室里，我被感动到几乎要落下泪来。

多谢有纸，我才见证了普鲁斯特的最后年华。最后一次，他拿起笔。对于死亡，他未有迟疑。

或许是被普鲁斯特感染，回忆如潮水般向我涌来。

他从1911年左右开始创作《追忆似水年华》。一年后，他已经写了一千四百多页，并且希望全部出版。所有熟悉的出版社都拒绝了，包括纪德的《新法兰西评论》。于是普鲁斯特不得不只拿出其中一（小）部分，即《在斯万家那边》，自费出版。

此时我想起，那最后一页，摆在我面前的这最后一页，这三行保留下来的文字，这最后一个“完”，写于……1913年。

直到1922年11月18日，在那9年中，普鲁斯特都在不断返修一部已经“完结”的作品。这些“卷纸”，这些“狗皮膏药”就是那些经年累月、似成永恒的回归的见证，也是这螺旋上升的思想的见证。

我的心更加紧绷，我对病中作者的焦虑感同身受，他不知道自己是否还有时间完成这部早已被宣告“完成”的作品，或许也是想和命运最后一搏。

那科学界呢？

对此我不愿遗漏，隔天再次拜访了手稿馆藏部门。

就像屠夫相信只有自己才能将肉切成合适的样子，作家也会把纸当作自己的财产，而把其他所有用纸的人当作骗子，抑或至多是一个业余爱好者。

我一边浏览另外的档案，一边感到羞愧，那是路易·巴斯德的档案。这些文件不仅是他的提醒便笺，也是他在1848—1888年这四十年间的挚友，是他无数研究的助手，这些研究从结晶学到发酵过程，包括桑蚕的新陈代谢，全部是为了研究和治疗恶性疾病。

日复一日，他小心翼翼地记录下每一件事，不管是想法还是事实，不管是假设还是实证结果。

“你想查阅哪一卷？”玛丽–洛尔问我，“我们这里有一百多号卷宗呢！”

在我犹豫的时候，她擅自为我拿来了第13号卷宗，并且翻到了1885年7月6日。

这些看似无关紧要的记录让我们得以深入了解医学史上最重大的发明之一。与此同时，我们从内部开始，一步一步关注着一场革命性的人类冒险，我们看到一位学者忽然要为一个年轻人的生命承担起责任时所表现出的五味杂陈的情感：勇敢，怀疑，不安，顽固，宽慰，还有骄傲……

N.a.fr. 18019, f° 87 (folioté 83 par Pasteur)

rage. Premier sujet humain traité — Production de l'état réfractaire sur un enfant très dangereusement mordu par un chien rabique.

le 6 juillet 1885, je reçois la visite de trois personnes :

1° Sieur Vone, Théodore, md épicier à Meissengott (Bas-Rhin) mordu au bras le 4 juillet par son propre chien, mais sur vêtement sans plaie vive, sans chemise percée.
Je le renvoie chez lui en l'assurant qu'il ne prendrait pas la rage, que c'était impossible.

2° Joseph Meister, amené par sa mère, de Steige, près Villé - son père garçon boulanger, âgé de 9 ans depuis le 21 février dernier, fortement mordu au doigt medium de la main droite aux cuisses et à la jambe, par le même chien rabique qui a déchiré son pantalon, l'a terrassé et l'aurait dévoré sans l'arrivée d'un maçon muni de deux barres de fer qui a frappé le chien.

Celui-ci, à l'autopsie avait foin, paille et fragments de
bois dans l'estomac.

Voir la constatation des blessures par MM.
Vulpian et Grancher. Dossier à part.
J'installe la mère et l'enfant à Vauquelin. Il lui répugne d'aller
à l'hôpital.

L'enfant reçoit autour des hanches, un peu plus haut que
l'abdomen, aux hypocondres :

6 juillet à ~~6~~/8h20' soir — 1/2 ser. moelle du 21 juin - moelle de 15 jours

– Le soir, on trépane 2 lapins avec cette moelle du 25 - vont bien encore le 30 juillet idem le 2 août. idem le 11 août idem le 19 août.
7 —— 9h matin — id —————— 23 — moelle de 14 jours
7 —— 6h soir —— id —————— 25 — moelle de 12 jours

– On trépane 2 lapins avec cette moelle du 2~~7~~/9 vont bien encore le 20 juillet. Idem le 2 août Idem le 11 août (id. le 19 août.)
8 —— 9h matin — id —————— 27 — moelle de 11 jours
8 —— 6h soir —— id —————— 29 : — moelle de 9 jours

9 —— 11h matin — id —————— 1er juillet moelle de 8 jours

– On trépane 2 lapins avec cette moelle du 3. Un de ces lapins mort de diarrhée le 15jr autre va bien encore le 30 juillet (id. le 2 août) id. le 19 août /id. le 11 août
10 —— id – id —— id —————— 3 —— moelle de 7 jours
11 —— id —————— id —————— 5 —— moelle de 6 jours
Le 11 juillet on a trépané aussi 2 lapins avec moelle du 5 (moelle de 6 jours). Or, un est mort le 26 et autre très pris. C'est le 15e jour. Donc avec [8 jours de retard sur les 7 réglementaires.

– On trépane 2 lapins avec cette moelle du 7 un mort de diarrhée. (mort le 23) C'est le 8e jour. Donc virulence dans moelle de 5 jours. 20 juillet : le restant pris.
12 —— id —————— id —————— 7 —— moelle de 5 jours

– On trépane 2 lapins avec cette moelle un mort de diarrhée. Autre bien encore le 30 juillet id. le 2 août idem le 11 août
13 —— id —————— id —————— 9 —— moelle de 4 jours

– On trépane 2 lapins avec cette moelle pris le 22, càd le 8e jour. Tendance au retard - retard d'un jour morts un le 26, autre le 1er août
14 —— id —————— id —————— 11 — moelle de 3 jours

– On trépane 2 lapins avec cette moelle pris le 22, càd le 7e jour. Morts le 23 et le 24/7.
15 —— id —————— id —————— 13 — moelle de 2 jours

– On trépane 2 lapins avec cette moelle pris tous deux le 23, le 7e jour. Morts le 27
16 —— id —————— id —————— 15 — moelle de 1 jour

~~Pas de trépon de lapins~~
~~17 —— id —————— id —————— 17 — m~~

On s'arrête à ces 13 inoculations. C'est le 12 au soir que l'enfant a eu une convulsion. Les piqûres ont
le lendemain de la moelle de 6 jours ; le jour de la moelle de 5 jours.

在这些历史岁月中，我们该感谢谁给我们留下了这份礼物，让我们能与巴斯德心灵相通？

要感谢这位学者经常性的记录，尽管上面的字越来越难以辨认，巴斯德不想遗漏任何事情，连最不起眼的空白处都不放过，字也越写越小。我们能想象，有一瓶墨水，或许还有一支蜡烛。经过劳累的一天，他仍会工作到很晚。我们还能想象，他手指蜷曲地握着笔杆，接着蘸上墨水。

※

早在我去国立图书馆前，我便认为纸和书写是一对儿，现在我更加深信不疑。

作为嫁妆，纸拿出了它所保留的与自然的联系（树木、棉花）。而（手写）文字则不得不揭开面纱，打开头脑。

现代化依然在不断推进着交流，但也同样打破了最古老的联系。是，铺砌的路面，就和我们的鞋底一样，将我们和地球分隔开来。

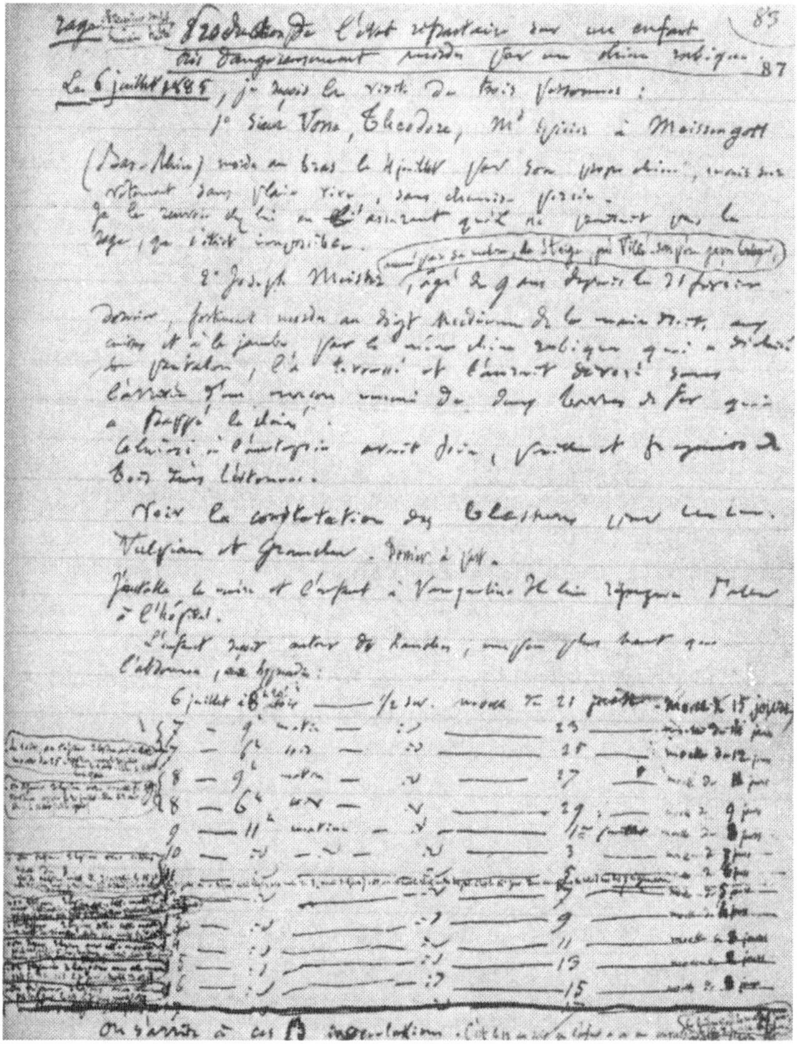

人间珍宝

越前（日本）

日本对纸的热情从这里启程，始于公元600年前后。

那是西部的一个村庄，坐落于山脚下。韩国与它隔海相望。或许是某天，商人们从这个字面意思为“拥有宁静早晨的国家”的地方而来，带回了这项中国的发明。

从东京到越前，坐火车再好不过了。早上的首班车开得很快，只够你瞥一眼右边的富士山，左边时隐时现的太平洋，和一间给人留下深刻印象的铃木汽车工厂。在米原站下车，这是到达京都前的最后一站。走到站台的另一边，等下一列快车，但这车却要慢许多，你会感谢它那蜗牛般的步伐。秋已深，除了冷杉还泰然自若地保持着青葱，其他的树木，像樱桃树、枫树、桦树，全都根据季节的规律换了颜色，与众不同的银杏则显得格格不入。

长长的隧道不仅穿越山脉，也穿越时光。当穿过一个又一个山谷后，你会感觉自己距离源头越来越近。

如今，越前这一名字指的是一些市镇的联合体，它们一半从事农业（稻米），一半从事工业（生产所有厨师都赞赏的刀具）。

历史的心脏，传奇的开端，就是这座“今立郡”。

木屋沿河而建，一直通往神社。

还有四十户人家在这里从事造纸业。

杉原义直是一位批发商人，和他的父亲、祖父以及更多先辈们一样，他之前至少有十二代祖先都从事纸张销售，有文献证明。

他的家是一座足有两个世纪历史的古木造的房子，我们脱下鞋，围坐在榻榻米上的矮桌边，杉原先生开始教授他的造纸课。一片电暖气片虚弱地对抗着潮湿的寒冷，我已觉寒气刺骨。

“越前的运气好。我们有水源，水自山上而来，湿润井底，形成河流。我们的祖先既擅长劳作，又坚忍不拔。在树林中探寻后，他们发现了三种小灌木最适合造纸。最漂亮的是楮（小构树，是一种桑树），它的纤维是最长的；第二种是三桠（结香），比同种植物更修长；第三种是雁皮（荛花），会给纸带来一种无法模拟的光泽，还会让纸异常纤薄。前两种可以人工种植，有很多农民以此为生。它们还有另一个优点：生长迅速。也许是巧合，雁皮很贵重，生长缓慢，而且只能在野生环境下生长。因而，它更罕见，也更难获得，所以也更加昂贵。”

杉原先生是一位优秀的教学者，他并不因为看到我记笔记就感到满意。他为我拿来了纸，要我分辨它们的原材料。雁皮很容易分辨，而为分辨出另两种，我花了更长的时间。

我的师父继续讲起了第二堂课。

“胶浆是什么？”

我承认我很无知。

“那你应该知道‘黏性’吧？”

我很快在我过去的理化知识记忆中翻寻。黏性液体不就是因为其构成分子间的摩擦而使液体流动减缓吗？这和纸有什么关系？

“胶浆就是让我们的混合溶液具备黏性。它可以让纤维悬浮在水中，减慢水流出的速度，使浆液在滤网上均匀分布。胶浆最好的伙伴是木槿的根。你跟得上我的节奏吗？”

解释完这些初步知识后，杉原先生为我简要回顾了日本悠久的纸张历史。

先要了解，纸最初是用于宗教用途的。上百万抄有佛教经文的经卷被保存在上百万来自全国各地的小型木塔中。随后，雁皮迎来了它的光荣岁月，人们爱上它的精致，他们能在上面书写下他们的爱。接着进入了武士时代，武士们需要一种更坚韧、更厚实的材料：楮。

夜幕降临。杉原停了下来，也许他是怜悯我，我冷得直发抖。他约我明早继续。

※

第一次走进作坊。

心怦怦直跳。仿佛童年幻想中的景象，去往一个遥远的王国，了解一些古老的秘密。

光线很微弱，起初我能看到的只有水，能听到的只有水声。

那里就像是一个巨大的洗衣房。

妇人们在一个装满灰色混合溶液的巨大水泥池边，将木质筛网反复浸入池中。

她们两人一组工作，节奏步调一致。她们不说话，却能动作一致地将筛网抬起。她们在做什么呢？筛网下面有一个托底，方便工人抬起。抖落下一片光洁的表面，那便是一页纸。她们将这页放到一堆同样光洁的表面上，大家一起慢慢地滴着水。

一位女工正在认真地用棍子在一个蓝色塑料水桶中搅拌。我侧身俯看，桶里的液体很黏稠。

她应该就是准备胶浆的工人。

目前，我还没看到任何男人。

在作坊的一个角落里坐着三位妇人，比之前的那些女工年长一些，她们并排各自坐在一个装满水的池子前，水池中漂浮着白色的物质。她们头上束着浅蓝色的软帽，看起来很像护士。

她们都忙着自己的工作，没有留意到我们。杉原先生在我的右侧用日文低声耳语。我的翻译翔子小姐在我的左侧用完美的法语解释着，她长得很高大。

“最远的是楮，中间的是三桠，面前的是雁皮。你还记得我跟你说的三种用来造纸的纤维吧。”

“这些女工在做什么？”

“她们在去除杂质，残余的树皮。”

“从早到晚？”

“越前不容许出现哪怕一点点小瑕疵。”

一位妇人站起身，唱起歌来。她是这里最年长的一位，负责雁皮的池子。她的吟唱时而高亢，时而低沉，声音稳而不颤，感觉像是在一边闲步，一边采摘各种情绪，一种接着一种，不管去到哪里，高唱低吟，游刃有余。我们屏住了呼吸倾听，直到歌声停下。这位老妇人又坐下，右手又开始寻觅雁皮池中的杂质。坐在她身边的两位一直没有停下工作。

我们踮着脚轻轻离开。

“有很多关于纸的歌。”杉原先生告诉我，“我想这首歌从18世纪就开始传唱了。”

接着他便哼唱起来。但只是唇边传来的轻唱，他还是有些羞怯。翔子为我翻译着，平常一直很快乐的她，似乎快要哭出来了。

吃苦耐劳，
可值千金！
坚持的树下将开出财富的花朵。
若你娶妻，
望她吃苦耐劳，
皮肤光洁。
更希望她，
懂得造纸！
舀来清水，
投入清心，
如那千纸，洁白清新！

※

日本人认为，手工造的纸有耳朵。因为它们不是用切纸机猛然一下将纸裁开，而是小心翼翼地，用指甲尖将它们一页页揭下。

因而，纸的边缘并不整齐。就像沿海的公路深爱着大海：它们九曲十八弯，片刻也不愿与海分离。

纸的边缘还留着绒毛，就像随着年纪增长，耳朵边会长出的细毛。

在一间传统的屋子里，我环顾四周，几乎全部是纸。现在我明白，为什么它们长了耳朵。

※

屋外，整个村庄已经准备迎接雪的降临。它不该再迟到了，雪天会这样一直延续到3月。人们抓紧时间将土里剩下的长羽裂萝卜挖出来，为神社外墙上的雕刻盖上白布，花费最久时间的是装备树木。雪的重量可能会压垮它们，人们历经多年栽培才形成现在层层叠叠的外形，让人感觉仿佛置身云雾。人们靠着树干在土里插入很高的竹子，从顶端悬下绳子，固定树枝。最脆弱的品种被包裹在其中，就像昔日的婴儿一般。

※

开车前往俯视全村的神社的路上——神社在路的尽头，后面是一条小围堰，已经被森林包围——杉原先生静静地为我解释说，越前的居民们与宗教保持着一种非常简单、非常良好的关系：他们想要的是成果。如果他们对一位神不满意，就会把他替换掉。

“首先，你要明白，在日本，任何东西都不会长久，也没有人会为此感到遗憾。如果有东西坍塌了或是烧毁了，我们就重新建造。一会儿你要看到的神社，之前已经有过五六座了。最初供奉的是一尊佛，但似乎并没见成效。村民们将他换成另一尊他们想象出来的、更适合他们的神。虽然他们起的名字很乏味：川上御前（意思是‘神明’或‘河上的女神’），但她从此便成了保佑纸的女神。”

根据传统，神社门口有两棵银杏树庇佑。根据传说，这种树有大量水分，在火灾时，可以延缓火势蔓延。

它们的副作用是：难闻的气味从神社散发出来。

因为这种树的果实腐烂后奇臭无比。也因此，欧洲总是只引进雄性的银杏树。

鼻子很快就习惯了这种腐烂的气息，让我这位来客感到惊奇。穿过一片林中空地，里面有许多高大的石灯笼。周围有一圈高大的树木，像是雪松，直冲云霄。拾级而上，又有些踉跄，于是左边的铜马也像是活了过来，踩起了小步。无法亲见纸神，因为冬天的关系，神社已经上锁。但建筑的屋顶还是抚慰人心，那是用小片树皮一片接一片拼贴而成的。如此惊人的形式像是大海翻起汹涌波涛，又或是何等贴切地描绘了一个地层板块于此“交战”的国家。需要灵魂的力量，在纸神的庇佑下，才能在这混沌中保有禅意。

使尽颜色，含糊其辞，欲言又止，再时不时翻个白眼，杉原先生就用这种非常日本的方式，不言而喻地向我传达了他的遗憾：

“我了解您对纸这种有千年历史的高贵材料的兴趣，虽然兴趣是个很低微的词，恕我直言，但这却驱使你长途跋涉、不畏艰险而来，这样的动力我又何以形容？如果我说，您与纸之间的关系，是对情感秩序的过分关注，您会不会觉得我太严苛？鉴于这样的关系，我只能表达我的忧伤，虽然今天一整天都无比高兴，我们互相学习，获益良多。”

我对着高大的翔子佩服地笑了。她的翻译既没有损失含义，也没有偷工减料（不然该有多可恶！），她完全跟上了这段令人费解的道歉中每一处蜿蜒的转折。

我的回答简单得多：

“忧伤？为什么忧伤？”

“哦，哦，像您这样一位专家，对您的研究如此投入，错过了这个该有多遗憾。”

我终于担心起来（也有些不耐烦）：

“我错过了什么？”

“‘三三节’。哎，哎，真遗憾啊！”

面对完全错愕的我，他自己解释起来。

从8世纪起，每三十三年，越前的人民都会为神明举办节日庆典。

为什么是三十三年？因为对日本人来说，三这个数字代表了幸福。也许他们睿智地认为三已经很多了？为了不给话题添乱，也免去劳神的麻烦，我忍住了没有提醒他们，耶稣是在三十三岁去世的。

在5月的那一天，村里强壮的男人们都出来游行。他们分成两队，各自抬着一个沉重且装饰豪华的木质镀金祭台。他们爬到山上，来到苦苦等候三十三年的两位神明所在的两座神社，这两位神明其中一位是佛教的神祇，另一位是神道教的神祇。他们受到朝拜，又外出散步的愉悦无以言表。人们将神抬上祭台，抬进山下的村庄。他们在那里与川上御前汇合。于是人们开始欢庆三位神明的节日。你也许已经料想到，庆祝持续了……三天。

为了安慰错过 2008 年节日庆祝的我，杉原先生热情地建议我下一次再来。

迅速计算后，我得出了下面三个结果：

第一，据记载，第一次节日庆祝是在 721 年 5 月；

第二，等下一次举行，我要等到 2008+33-3=2038 年的 5 月；

第三，也就是说，那时我 2038-1947=91 岁。人总是要怀抱梦想的。

※

勇敢的村庄！

他们不懂如何留住世界的目光。

1989 年，他们决定要艳惊四座。

所有的工匠们都加入了这一计划。六个月的时间里，他们一同准备纸浆，制作木框，改建作坊，他们不断重复同样的动作，为的是能达到完美的协作。

那一天终于来到，并且一连持续了三个月。

这段时间里，十六位彪形大汉，两边各站八位，将模版反复浸泡入巨大的槽中。

接着是起纸、挤压、干燥，纸张表面规模是越前人前所未见的。

这样的努力换来的结果载入了吉尼斯纪录：生产出了最大的手工制造的纸——长 710 米，宽 430 米，重 8 公斤。

※

他打开话匣子后，没人能让这位“人间国宝”停下。

而我们推门走进他的王国时，他甚至都没有转过身子。这间作坊毫无舒适度可言，只有一些基本的造纸材料：池子、一桶楮，还有一个小一些的桶、用来分解制胶的树根、靠在墙边的木质模版、磨、拍打纤维的桌子、碾压机……

在房子中间，一台电热器闪着的红光让人欣慰这里还有供暖的可能，不过要等另一天，稍晚些时候，也许要等到晚上。

在那段大约半小时的幸福时光里，我注视着他工作。看他的手臂掌控着模版，看模版被反复浸入池中，再看他舀取适量的纸浆，纸浆从筛网中流走。

一千年前，一个像我一样怀抱好奇之心，仿佛是我孪生兄长的人走进了这同一间作坊。我所看到的动作，他也看到了，何其相似。我是该小心那些隧道的，毫无征兆地，它们就带着我们顺着时间之河逆流而上。

此时，大师开始讲他的故事了。他告诉我们，直到三十岁，他才真正对纸产生尊敬。

“那在此之前呢，你做什么？”

“造纸，就和越前的其他人一样。但并不用心。”

岩野市兵卫一边说，一边也没有放慢手中工作的节奏。他快八十岁了，长着尖尖的头，就好像一只消瘦的鸟，但消瘦的鸟可没有他那双微笑的眼。

我向他请教一周的作息时间。

“两天和模版为伴，就像你现在看到的这样。”

我向他表示祝贺，他总算还懂得照顾自己。他听完咯咯直笑。

“看来你对造纸不太了解啊。另外五天，我要准备纸浆。”

我从小就对“人间国宝”非常着迷，他们代表着知识或是技能的巅峰。

至今，已有三百二十人被授予“人间国宝”的头衔，涵盖艺术（主要是音乐和戏剧）和工艺技术（特别是陶艺和染织）领域，其中有五位是造纸行业的。

酷爱日本的克洛德·列维–斯特劳斯非常钟爱这一体制，称之为最有价值的授勋。

1999 年，文化部的官员从东京前来，他们观摩了岩野市兵卫的工作，并且问了他一些问题。他们仔细记录，可他们甚至对菜园都不感兴趣。

三个月后，文化部宣布了自己的决定，岩野市兵卫被授予“人间国宝”头衔。布告上说，是出于三个原因，他的纸“有很高的艺术价值”，“他在历史中占据重要的地位”，以及“他将自己的根深留在一处——越前”。

※

“你喜欢菜园吗？”

这是他唯一的问题。“人间国宝”好奇的只有纸及其相关的附属品，似乎菜园也是其中一样。显然，我犯了一个错误。也许他对自己的菜园和对自己造的纸同样骄傲？我应该赞美他的长羽裂萝卜的模样，它们让他做的色拉感觉很丰盛。

有没有种菜园的“人间国宝”呢？两个“人间国宝”的头衔可以授予同一个人吗？

岩野市兵卫打断了我的胡思乱想：

“一个不会种植的人永远学不会造纸。”

我思考起来。难以找到这两件事之间的明显联系，我只得不耻下问。

我没有得到回答。

大师或许认为再谈如此明显的事实有些贬低自己。

或许他认为我太愚蠢，那么久都没有洞彻这个稚气的谜语。

或许这样的智慧——纸与菜园，甚至包括争斗——只有依靠自己领悟，要经历长期耐心的过程。

※

“听！”

我伸长耳朵。除了远处的两声狗叫，近一些的似乎是锅炉发出的隆隆声，甚至还有作坊里模版间流淌的潺潺水声，此外我便搜寻不到任何值得留意的声响。我承认自己很失败。

“人间国宝”稍稍皱了皱眉头。

“你和其他人一样：你忘本了！水，你没听到水声吗？”

我回答，当然有，但……

“你觉得水并不重要？或者，你甚至觉得所有的水都一样吗？记住，水才是纸的真正原料！有些日子里，我一事无成。我确认再三，一切都与平时一样。我来到村子中，请教了一些朋友，他们也造不出好的纸来。随后，好的纸又造出来了，多亏了水。”

我发问。

“你没提到温度……”

“你要写一本与此相关的书，是吗？那我想你应该知道，纸不喜欢夏天。因为如果水过分温热、过分不稳定，黏合剂会不听使唤。我最内行的客户会问我，村子是不是足够冷。确认之后，他们才会订购。”

※

我无法让自己从这场有千年历史的动作表演中离开。我想到准备纸浆的那五天时间里所规定的同样的精准程度、所投入的同样的无微不至的关心、所有人共同的协同行动，如此的细心才配得上“人间国宝”的头衔。

打破旧习的念头一闪而过，我也不敢直言：这么费尽周折就是为了它？纸，值得我们如此的付出吗？

岩野市兵卫猜中了我的心思：

“我只是为艺术家们服务。他们来到这里，告诉我他们的期望、他们的需求，所需的质地、厚度，没人想要和别人一样的东西。我来执行。如果他们感到满意，我就感到自豪。我最喜欢的是版画，版画需要最上乘的纸。”

※

岩野市兵卫告诉我，因为年纪的关系，他在晚上五点会停下工作。但彼时夜幕已经降临很久了。纸浆在霓虹灯下泛出一抹浅绿，“人间国宝”还在继续工作，可能是为了弥补在人生的前三十年对纸的不敬。

※

晚上，电视报导，世界上最重要的造纸公司——大王制纸株式会社的社长，即公司创始人的孙子井川意高刚刚被逮捕。他挪用部分公司资金用于偿还私人赌债。

※

翌日，我怀着深深的焦虑——一种强烈而脆弱的情感，一直奔跑到主干道上，才出发离开。我想要向尽可能多的工匠们致以问候，我感觉他们受到了威胁。我下次再来旅行时，他们还都活着吗？

我首先致敬的是岩野平三郎，那是另一位“人间国宝”，却只在本省闻名。我很喜爱他的“打云与飞云”技法，能在纸上绘出岛屿、海滨。

我又推开泷英明的门，他将机器与传统融为一体，用以生产墙纸。

长田家也接待了我，并给我看了他们非常多不同的产品，从圣诞树这样的通俗作品，到为奢侈品店设计的墙饰。菲律宾抄袭了我们，唉，可这是如今世界的法则！但他们以更低的价格提供劣质的产品，还号称是与我们竞争，这真是彻头彻尾的谎言！

山木家为我演示了如何用日历在一张黑纸上贴出五色的龙。“明年，就是它的年份了！”“谁的年份？”“龙的。你觉得它会为我们的商业带来好运吗？”

就这样一直持续至傍晚。

在这座小村庄宁静、异域风情、田园般的外表之下生活着的越前人个个都是战士，他们浴血奋战，为的是逃脱步入博物馆的命运，为了继续生产，为了不断送这绵延十五个世纪的传承。

我又一次想到那些通向这个山谷的无尽的隧道。我想为它们装上滤网，阻挡现代化的暴行。

与此同时，我又爬上神社，再与神明谈谈。你不会感到奇怪，因为他也无法置身事外。

纸的永恒

传统的日本建筑都是用木头造成，更容易引发火灾。一旦爆发火灾，最紧要的头等大事便是抢救珍贵的纸张，那上面保存着当地与家族的记忆。随后人们将其投入井中。

等到火灾扑灭后，人们再把已经浸湿的、抢救出的纸小心翼翼地打捞上来。

只需将它们展开后晾干即可。

房屋已经灰飞烟灭。只有纸上的文字丝毫没有移动，因为写下它们的是无法消去的墨水。

广　岛

（日本）

没有其他任何一种材料像纸一样，不仅能记载一切故事，还容许，甚至可以说是推崇无关的话题。

那我们就借此特许去看一看“鹤”。

读者朋友们不必担心：这种鸟，从无法追忆的远古时起，便擅长远距离旅行，但最终却总是能回到出发点，这让我绝不会迷失方向。

我向你们保证，我们很快就回到我们的主题，并且会带着更多新获得的知识。

法国出于莫名的原因，总是用令人不太愉快的方式，将“鹤”描写成一位命运悲惨的妇人，而与此相反的是，在整个亚洲，这种大型涉禽享有人们最深的敬意。

首先，人们从这种鸟的身上找到了纯洁的形象（西伯利亚的鹤身体是洁白的），以及忠诚的象征。春天时，雄性选择雌性，并且追逐几个小时，同时发出尖锐的叫声。直到某一未知的时刻，雌性认为自己已经抗拒足够久了。她立刻停下来，张开巨大的双翅。这表明，她默许了雄性的追求。

雄性也不会误解，他飞到她的背上跳跃、摇摆四秒钟。立下这份爱的盟誓后，他们便出发共同生活，至死方才分离。

鹤被赋予的另一种美德，是长寿。

我们已经在不露声色地靠近我们的主题。鹤形目是鸟类中最古老的种类之一，出现于六千万年前。它们的祖先并不讨人喜欢：巨大的体型，可怕的嘴形，体重大到无法飞行。就像恐鹤一样，那是拉丁美洲让人感觉恐怖的动物之一（除去尾巴，它们高逾三米）。

渐渐地，家族的形态美不断提升。

体型越来越高耸，很快便飞了起来。

据说，加拿大的鹤已在北美的天空飞翔了一千万年，是所有现在依旧存活的鸟类中最古老的。

亚洲人认为它们属于夜行鸟类，总是赋予这种大型涉禽超凡的“耐力”：人们相信它们能轻易地活到六百岁。

每年春天，鹤都会与大自然一同回归大地，这也证明了它们的寿命超凡。

人们还赋予了鹤其他的品质，诸如智慧、提升心灵（可能是因为它飞在高空中，通常在四千米以上的高空飞行）、优雅（姿态缓慢、高贵，出生时就身材修长，尤其是赤颈鹤，可以长到一米五的高度）以及勇敢（1644 年，为了努力抵抗满族新一轮的入侵，一位叫方七娘的尼姑，发明了一套武术拳法，起名为“白鹤拳”[1]）。

再回到纸，这是最后一次，也是最精彩的一次转折。

1943 年 1 月 7 日，佐佐木祯子出生于日本广岛市。1945 年 8 月 6 日，8 点 15 分，原子弹爆炸时，她两岁半。祯子家距离爆炸中心两公里。她目睹自己家周围的房子全部被摧毁，邻居们或死或伤，而她既没有流血，也没有任何痛苦，手脚都行动自如，她感觉自己交了好运。

长大一些后，她开始跑步。

她想证明自己还活着。也可能是想下一次能以最快速度逃跑，如果需要的话。

1954 年，在一次比赛时，她忽然感到头晕。随后她被查出患有白血病。

有一个人，据说就是她最好的朋友，在她面前提到了千纸鹤。

根据古老的传说，折出一千只纸鹤的人会实现自己的愿望。

---

1 在一些版本的民间传说中，发明“白鹤拳”的方七娘并非尼姑，方七娘、方永春、咏春尼姑究竟是同为一人，还是各有其人，已无从稽考。——编者注

“我，我想病赶快好。”祯子说。

于是她便开始折千纸鹤。

从早到晚，她一直不停地折。她将能找到的所有纸都折成纸鹤，甚至包括卫生纸、药方、药的标签。

到了晚上，她还不停地折。总要等到护士们威胁把她绑起来，她才肯睡觉。她的房里散落满了大大小小的纸鹤。

当她折到五百只时，身体感觉好一些了。她相信传说会成真。医生同意她回到自己家中，但这次病情缓和只持续了一周。

她又折了一百四十四只纸鹤。1955 年 10 月 25 日，她离开了人世。

十二岁。

她的同学们为她继续将纸鹤折完。

他们很快折到了一千只，但他们还在继续。他们有自己的主意，将这些纸鹤全部卖出后，在广岛的市中心建起一座雕塑，纪念所有原子弹爆炸中受害的儿童，不论是当时就死亡的，还是像祯子那样后来慢慢受着折磨的。他们之后还为此举行了仪式。每年，来自全球各个地区的不计其数的学校会送来数以千万计的纸折的塑像。

在心灵深处，佐佐木祯子是发明白鹤拳的中国尼姑方七娘的妹妹。

照看遗产

卢浮宫博物馆，巴黎（法国）

沿着塞纳河畔，在卢浮宫博物馆的最西端，花廊的三楼是一个修复工作室。

景色如斯。

左边，是蜿蜒的塞纳河。

正中，在大皇宫的巨大玻璃天棚后，静静地耸立着夏乐高地。右边一点，是杜乐丽花园，紧靠着里沃利路一侧高大的墙面。这一路你的目光将被引向勒诺特期望带你去往的豁然开朗的地带：香榭丽舍大街。

一群女士们对这些景色视而不见，因为她们惦记着别的巨作，她们负责修复国王路易十四的画师——夏尔·勒布伦的画作。我认出了其中一幅《奴隶》，稍远处还有一幅《胜利女神》，那是凡尔赛宫使节梯壁画的草稿。

在向我解释她们的修复方法时，这些修复员们又将我带回了日本。

让这些历经岁月的画作们在能最好地保护它们的材料上好好休息吧。

她们首先摊开一大块亚麻布，在上面贴上纸。选什么纸呢？当然是楮纸！

她们略带嘲讽，用眼角瞥了我一眼。显然，她们的客人不知道楮是什么。也可能是我忽略了这个词？

我笑了笑，告诉她们我去过越前。

我们的关系一下子就有了转变。刚才我还是个局外人，就像个入侵者。现在我感觉自己大概是被她们的团体接纳了。

我们讨论了很长时间楮的质量，以及它的韧性和牢固。这样的关系太少见了，不是吗？

还有什么材料比这更适合承载勒布伦的画作呢？

我可反驳不了她们。

工作室的年轻负责人瓦伦丁·迪巴尔把我带到了别的桌子边，另一些学者正在忙于其他陈年的纸张。

我发现她们也同样严格，同样学识渊博，同样肯于钻研。每一份文献都是不同的，每一处破损都需要专门的处理。

打开一卷《路易十四时期的节日服装、假面服装和戏服》的册子，有人给我解释每页修复的细节，如何保护每幅特有的图画，上面满是象征的花园、鸟嘴和羽毛的装饰。人在其中和动物愉快地融为一体，鸟类尤其受欢迎。我想象着一国之君，尤其是“太阳王”，穿着如此奇装异服。这样还成不了当时最优秀的舞者吗？

再远点，是另一个工作台。

一幅让-巴蒂斯特·达戈蒂（1740—1786）的画像感觉快要剥落了。为了看得更清楚，一位女士借助一个双目镜，用一支很精细的笔点着破损的区域。

我得知所用的胶水来自鲟鱼的鳔。

为什么就没人同样悉心照料古老的作家呢？他们也会产生裂痕。

迪巴尔夫人猜测我会想到别的问题上，于是把我带到另一位学者面前。

为了展览的需要，这位夫人负责确保德拉克洛瓦的一些画作的完好。

也是在这里，我认识了一个最邪恶的角色：永固墨水。

“看。”

我俯身凑近，册子的一页上画着一些老虎的草稿。可怜的野兽啊！这邪恶的墨水吞噬了它们。很快，那纸上便空无一物了。墨水和纸这一对仿佛天作之合，但要怎么解释这突如其来的粗暴一幕？能做什么弥补呢？

直到19世纪，大多数艺术家都自己制作墨水。他们混合各种不同材料：酒酵母、树皮、瘿……还有金属盐（硫酸铁或硫酸铜）。最后，他们再加入黏合剂，通常是阿拉伯树胶。

这混合物有腐蚀性，而纸大多数是用抗腐蚀的亚麻做的。

1830—1840年左右，纸张的材料发生了变化。树木代替了织物，纸张的质量下降。

与此同时，墨水也开始工业化制造，加入的化学物越来越具腐蚀性。

因而，墨水与纸的古老组合破裂了。

这种材料的组合中，每个人都知道要阻止酸的腐蚀有多难。修复员们竭尽所能，他们无法完全解决问题，只能一遍遍加固。侵蚀一直在继续，虽然很缓慢。

※

我走近这个一丝不苟的团体中唯一的男性，安德烈·勒普拉。在迪巴尔夫人之前，他是工作室的带头人，最近要退休，却抛不下自己的魔法。（哦，我太能理解了！）于是，他回到这里助一臂之力。今天，他把上等的雁皮和楮的薄片折叠贴在纸箱的底部和侧面。这纸箱很快要迎来一张非常脆弱的羊皮纸，这纸也受过那邪恶墨水的袭击。

最该嫉妒的是谁？

是这羊皮纸？它被遗忘在某个档案抽屉里几个世纪，肯定不会期待忽然受到瞩目。

还是安德烈·勒普拉？从他脸上洋溢的笑容看得出，他每个细微的举动都让他显得那么快乐、宁静。

一个家庭的速写

布列塔尼（法国）

若您想它们卷得漂亮……

认准 OCB 纸。

我记得，我的爷爷曾带我去“六日”自行车赛。

我记得，我们是乘坐轻轨到达自行车冬赛馆的。

我们一边吃着腌酸菜，一边高举着香槟酒杯为赛道上急转的车手们呐喊。我记得自己当时还不到十岁。每三到四分钟，扩音器都会发出一次脉冲声，然后传出广告声。每次都一样：

香蕉，属于冠军的水果！

水果中的冠军！

还有我们最喜欢的广告：

若您想它们卷得漂亮……

我记得，我家布列塔尼的亲戚住在菲尼斯泰尔省的佩纳尔镇，这座城镇坐落在沿海的奥代河沿岸。我的叔叔费尔南是农业机械的独家经销商，很快便成为于博—昂里奥陶器公司的经理；我的婶婶玛戈眼眸中蓝色的变化速度比天空还快，她发起脾气来很厉害，但消气也很快，马上就会露出无尽的温柔，让人感到生活的全新乐趣。

我记得，在沿河的纤道上，我这个小小的巴黎人惊喜地追着水流的方向前行。我无法想象，潮汐可以爬到那么远的内陆地区。

我记得，听人说起过下面造纸的磨坊，就在左边坎佩尔的上游。

我记得，有人教我自行车冬赛馆里最常听到的那三个字母的意思。

O 代表奥代（Odet），与相邻的奥代河同名，坐落在菲尼斯泰尔省一个叫作埃尔盖加贝里克的市镇。

C 代表卡斯卡代（Cascadec），在菲尼斯泰尔省一个叫作斯卡厄的市镇。

B 代表博洛雷（Bolloré），造纸企业的创办者，最初的工厂设立在奥代和卡斯卡代。

我记得，最早的卷烟是一个布列塔尼人发明的，那是在塞瓦斯托波尔围城战时（1854—1855）。在那之前，人们要么吸鼻烟，要么嚼烟草，要么抽烟斗。刚巧，士兵科朗坦·勒库埃迪克的烟斗被一颗子弹击碎。他决定将烟草卷在他未婚妻的来信里。回国后，他把自己的发明给了作坊。

1914 年，博洛雷工厂占有全球卷烟用纸市场 80% 的份额。

我记得，格温内尔·博洛雷向我解释过这个家族企业如何用当地桃肉和菲律宾蕉麻生产出最精品的纸张。因而，他们在碳纸领域一枝独秀，为伽里玛出版社最精美的丛书——“七星丛书”——提供纸张。

我记得，他从来不和我谈他参加的大战。也许，1944 年 6 月 6 日，他和自由法国军一同登陆了诺曼底？

我记得，我迄今为止唯一一堂关于对流传热取暖器的课，是某个一月的晚上，在樊尚·博洛雷位于沃克雷松的办公室里学习的。

“你知不知道纸也是电的绝缘体？所以我们才会对电池感兴趣。”

在走廊的尽头，五十几个年轻人，“出身各不相同”，在电话中接待着最早一批自由租车服务的客人。

在他们面前，一张巨大的有背光的巴黎大区地图上，可以看到三百辆外租汽车的位置，很快这个数字就会增加到三千。

欧洲中世纪末期，
工人手工造纸。

19世纪宾夕法尼亚州麦克尼里（McNeeley）皮革制造公司，生产多种皮革制品（包括大量羊皮纸和牛皮纸），威廉·H. 瑞茜（William H. Rease）绘制。

纸信封制造机，英国西肯辛顿某个邮政储蓄银行内，20世纪早期。

写有古希腊文的莎草纸。纸上文字是戏剧《奥瑞斯提斯》338—344 行歌词，大约制作于公元前 200 年的埃及赫尔莫普利斯城，共七行。

《约翰逊·帕帕勒斯草药书》，莎草纸制作，该书包括植物目录、植物属性及其药用价值，成书于约公元 400 年。

敦煌出土的唐代《金刚经》(868年)，现存最早的印刷品之一，藏于大英图书馆。

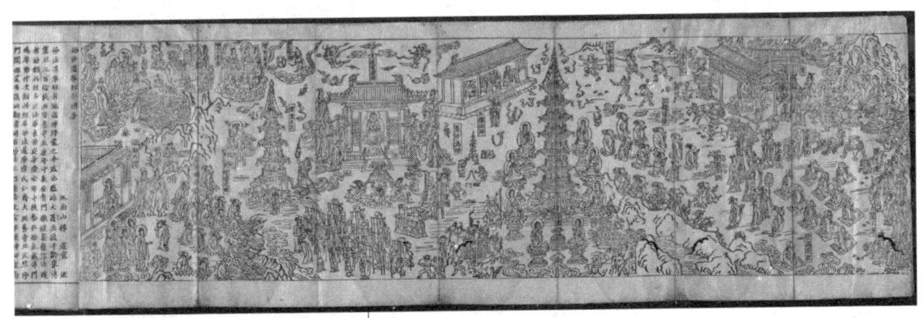

《妙法莲华经》，这一北宋年间(960—1127年)的印刷版本是该作品现存的唯一孤本。最初该孤本由傅增湘收藏，1941年纳入美国国会图书馆藏书。

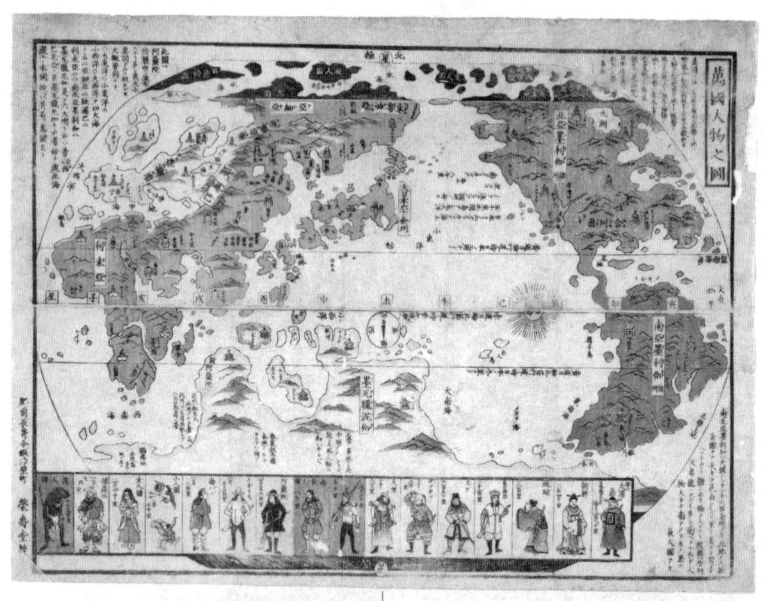

《多国人士地图》，日本19世纪初绘制，使用的是奉书纸，奉书纸为日本和纸的一种。

千羽鹤，由日本和纸所制作。作者在书中提到了少女佐佐木祯子与千羽鹤的故事。

中国元朝时期的一个印盘以及由它印出来的官方纸币。

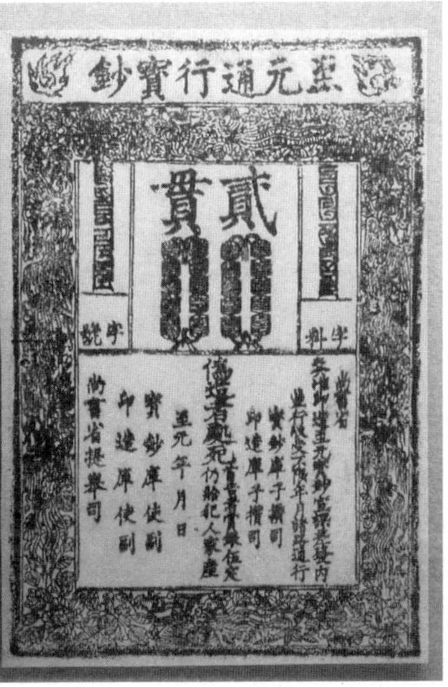

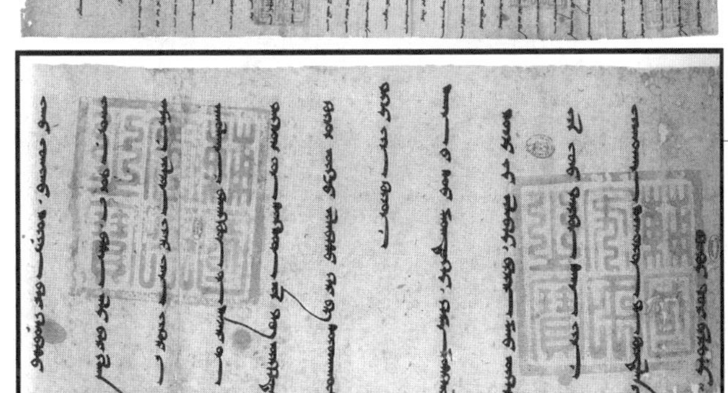

由朝鲜纸所做的官方文书。此为伊尔汗国阿鲁浑大汗写给法国国王“美男子”菲利普的书信，文字为蒙古语，纸张是高丽时期的朝鲜半岛所制，当时朝鲜半岛以制造高质量纸张闻名。

中国清朝时期制作的壁纸，展现了一场进行中的葬礼，此乃官方为欧洲市场所制作。

20世纪早期的美国伐木工人。作者在本书中着重描述了伐木工人的生活窘境。

第二部分
纸的今生

纸的孩子

拉贾斯坦邦（印度）

桑格内尔小城，位于斋浦尔的郊区。

在阿里慕丁·萨利姆·卡奇先生的工厂里，员工人数从七百人到一千两百人不等，要看季节和经济形势。他向全世界出口纯手工纸张，“环保无害”，尊重伦理，保留古老的触感。这是他公司的承诺，就写在入口大厅尽头绿色的墙上。

卡奇先生严肃地问我个人是不是也环保无害。我们四目相接时，我向他保证，我会尽我所能，在这条路上不断进步。

主人感到满意，作为回报，他给我讲了一个故事，就像我喜欢的那种有拉贾斯坦邦特色的故事：既无穷无尽，又错综复杂，绵延数个世纪，历经几代王朝。

“很久很久以前，在土耳其，大约是公元1000年前后，我的祖先，他们不知道从谁那里继承了许多关于纸的知识。某天，在经历了不明所以的严酷情况后，我们家族被迫流亡。”

卡奇先生一边和我说着，一边将我带进第一间房里，高兴地将两只手伸进一个纸包中。

“你可以放心地进来。里面只有碎布，没有任何化学品。接触在皮肤上真滑，你不觉得吗？根据客户的情况和需求，我们会添加草料或虞美人、紫罗兰甚至玫瑰的花瓣，毫不吝惜，请相信我。代代相传，我的祖先们走遍了中亚，或因为遭驱赶，或为了寻找更好的居所，他们最富有的就是纸张方面的知识。大约在公元1600年，他们来到了拉贾斯坦邦，国王，同时也是琥珀主堡堡主的拉贾曼辛格一世下令召见他们。一个世纪之后，因为缺少水源维系造纸的工作，他们来到这里，定居在萨拉斯瓦蒂河岸边，这里的水与众不同，不仅清澈，而且‘能让颜色更鲜艳、保存更久’。我的家族在这地球上找到了适合的地方。赞美上神的圣名！从那时起，我们就在姓里加上了卡奇。这个古老的词来源于乌尔都语，意思是‘造纸的工匠’。”

阿里慕丁应该是注意到了我以为故事完结时脸上难以掩饰的不快：“别担心，我还没说完！”

他要带我参观一样他引以为傲的东西，巨大的天台里挂满了纸张，用布夹夹着。

“均匀地干燥是制造高质量纸张的关键之一。正是我父亲确定了地点，以最好地利用空气的流通。”

我在这块封闭的空地上走得越久，就越是看清这样一个哀伤的事实：水手并不是唯一对风了如指掌的人。

在斋浦尔，一位国王甚至建造了一座风之宫，利用气流的方法帮助这座宫殿对抗它最大的敌人：夏日的酷热。

这座宫殿的正面是一个巨大的雕刻窗，上面开满枪眼状的孔洞。除了为国王流通空气，这座宫殿还能让他的妻子们看街景时不被街上的人看见。而它投射的阴影也让宫殿更加凉爽，还能听到水池中流水的声响。

卡奇又继续讲他的故事。

“家族的产业曾一度险些断送：我们的生意每况愈下，还差点丢掉了卡奇这个姓，但上神不愿如此。”

19 世纪中叶，英国人将印度视为他们帝国的珍珠、金矿，并不满足于政治权力。当地经济的参与者们应当认清，从此以后，他们的使命只有一个：为首府增加财富。不能与殖民者的工业竞争，尽管这本身也并无多大可能。

于是，整个印度社会都开始用纸，纸从海那边的英国作坊中运来。而在印度当地，无论是谁想要改进现代化设备参与竞争，都会立刻被无情的印度文职机构官员阻止。

纺织工厂也遭受着同样的境遇。

并不能说是甘地向它们伸出援手。

1919 年起，这位“圣雄”开始每天用纺织机自己编织棉花，为自己制造衣物：

这就是著名的“裹裙”，一块没有缝合的布，象征着印度的思想从一个理念到另一个理念，中间没有断裂……在这点上，他的一些伙伴们也和他展开了激烈的辩论，其中泰戈尔就指责他这是一种精神自杀，是让印度拒绝现代化。

然而，甘地守护的是手工业。

这位“圣雄”徒步走遍了整个印度。他知道这个国家有多富有，即便是在最落后的角落。富有知识，富有技艺，而且常常是历史悠久，代代相传；富有活力，充满冒险精神。他知道，工作机会就在那里，在农村中，只有支持这样的活动，才能对抗农村人口的外流，而当时涌入城市的农村人口已经像炸弹一样威胁着城市的卫生和社会状况。

于是，他建立了一个负责发展和支持“农村工业”的委员会，即在农村开展的，或以农村为中心的工业。

正是在这一背景下，阿里慕丁的祖父见到了甘地。

1938 年对贾纳布・安拉・巴塞来说是光荣的一年。应“圣雄”的要求，他在国会面前展示了造纸的技艺。从此他便获得了契约，所有来自政府的订单，他的公司都有优先权。

我又想起了贾纳布・安拉・巴塞和“圣雄”。今日，印度的工业早就走出了“农村”，走在世界前列。

但旧时的贸易网络仍然存在。虽然无人知道，或是没人想要知道，但这网络为大公司提供着无法替代的支援，这是这个国家的骄傲和展示窗口。

阿里慕丁停了下来。他指了指院子另一边一个白色的身影。

“这是我父亲。他八十二岁了，他还在工作。每次我恳求他休息时，他都对大家念叨说我这是要他死。我还没和你说过 1947 年的事？”

我回想了一下刚才，他已经跟我讲过……但我不太记得这个日子，那其实是我出生的年份。

“印度独立！一切都发生在那年。你知道是当局选择了分割领土吗？巴基斯坦的建立，只是为了穆斯林。因为我们是穆斯林，就必须离开。”

我看着他，庭院里已经没有人了。但对卡奇先生来说，那个白色的身影一直在那里。

“我的父亲告诉我，那时我还没出生，我的祖父祷告了一整晚。清早，在神的旨意下，他决定了。他召集了家人，家里的女人全都哭了，他说：‘我们留下，印度要比那个巴基斯坦发展更快。’”

我们一直不停地在感谢这位祖父。家里的其他人选择离开……他们错了。

我们来到了圣地中的圣地，这座工厂生产的是萨利姆公司的拳头产品。

六个工人屈膝坐在很低的桌前。他们的神色凝重，举止庄严，让人以为他们是在祷告。

他们裁切，折叠，将深绿色的纸黏起。

从他们的手中诞生一个个盒子。卡奇先生拿起一个给我看。

“我们说这是鳄鱼，像吗？有了纸，我们什么都能做……”

他的口气有些变化，他又重新挺起了不高的身躯。

“只要有技术，当然如此！我们的盒子远销纽约的大商场。我要好好计算下，从孟买到美洲那么远，船又慢，要是圣诞过了才到就坏了。”

“你运去的多吗？”

“三个集装箱，最晚九月底到。夏天对我们来说，就是盒子的季节！”

我想象着集装箱货轮，这些巨大的铁箱子里装满了小小的像是鳄鱼的绿色纸盒。它将向西驶向好望角呢，还是会选择穿越太平洋，抵达旧金山？

全球化啊。

※

桑格内尔。

要有好眼力，要有信仰，要有股执念，才能在这片毫无魅力的小屋、小楼、小店铺中，找到它过往的光荣痕迹。

和亚洲其他地方一样，一群人在这里做生意，但不像中国那么疯狂。

神圣牛群的灰暗的眼神能令人平静。它们选择躺在平地上，就在主干道的中间，一边沉浸在这视野中，一边满足地咀嚼着。骆驼成群走过，在印度，人们给它们套上大车。或许在这里，动物们交换了角色，也许驴子们该缓慢地穿行在西北部的沙漠里？

我走在这狭窄的街道上。首先遇到的是义务的街道清洁工：一群气势好似野猪的家猪，它们的贪吃所产生的社会效应值得一再褒扬。

看到成片的废墟，我知道自己走对了路。

远远地，我像是看到了两个白蚁巢，除了不寻常的浅绿色让我有所怀疑。

走到近前，我才确定自己搞错了。那些我以为凝固的东西，其实只是衰败的古老的人类建筑，这所庙宇，被垃圾包围，成片的污秽是我那些猪儿朋友们还来不及清理的，锈迹斑斑的铁栅栏围绕着这个神圣之地，低俗的人在那里挂上一副胸罩和一条三角裤。

对一个或许是将敬仰作为首要原则的宗教来说，这是多么没有敬意啊！我等不及想要立刻再找到一处更严重、更不可原谅的冒犯。

承认吧，在这次旅行之前，我对耆那教知之甚少，这座像是白蚁巢的建筑就是他们的神庙。

据我刚了解到的，耆那教与佛教、印度教很相近，它很古老（起源于公元前5世纪），又很“小”（仅有一千两百万信徒）。

这一信仰让我很有好感。对此向往的欧洲人，如果不想远渡重洋，可以去比利时的安特卫普。从印度移民而来的钻石商人在当地奉行耆那教，并出资建造了一座神庙。

除了一些精巧的技艺，人们可以从中学到如何从物质（补特伽罗）中解放灵魂（命），从而逃离痛苦的诅咒，我们应该首先敬仰“不害”，即普世博爱，永远不对任何人造成任何伤害。

一个好的耆那教徒不仅仅是一个素食者。他们在日落后，直到日出前都不吃不喝，生怕伤害生灵，或是怕蜡烛的火苗烧伤它们。他们避免食用大多数根菜，因为从土里拔出根菜时可能会给附近的昆虫带来灭顶之灾。他们甚至规定要在嘴前带一个面具，害怕不小心吞下一个蚊子。

这个绝无暴力的宗教的象征图案是卍，这个十字我们通常都和γ联系在一起。

安特卫普的耆那教徒怎么看待纳粹可耻地借用了这个符号，而且又做出那么多有悖“不害”的行为？

我不敢问他们，担心他们怒不可遏，这样的怒火只会耽误他们的“解脱”。

我不知道这个小小的耆那教是不是在壮大。不过显然，印度有教化的热情。

我一路走着，每面墙上总能看到这个或是那个学校的宣传海报。R 氏教育点（所有级别）、莱卡商业课程、牛津国际学校、维卡斯寄宿学校（商业与管理）……

对于“现代”的物质知识如此着迷，这最终会削减对宗教的虔诚吗？我敢打赌，印度这个天生善于共存的国家，会将两者都保存下来。

第一间作坊

初看像是个养殖场。沿着通往桑格内尔的主干道走下来，有三十多头猪在垃圾堆中嬉戏玩耍。刚出生的小猪在它们母亲身后碎步小跑。不远处流淌的是卡奇先生充满敬意地向我讲述的萨拉斯瓦蒂河。我很想相信，这条河昔日闻名是因它的水流丰沛、河水清澈，但它如今只是一条泛着恶臭的小河。

我向前走近时，两个男人过来和我打招呼。他们从一个我以为是废弃的库房中走出来，这库房像是受到生锈的传统齿轮系统、古老的传送带和巨型发动机之类的东西留下的零件的困扰。两个人来到我面前，他们同时开口说话。我们的翻译萨尔曼是这样翻译的，他保留了主人们说话的节奏，毫无标点停顿。

“我们是兄弟我们家人和我们一起工作猪也工作所有人都努力工作这是份好工作能让我们生活变好只要我们多多工作……”

我想问他们一直说的“工作”具体是什么意思，我听来总觉得不那么清楚。

两兄弟又开始一口气说下去：

“要感谢这些垃圾没有垃圾就没有纸我们从市政府买来这些垃圾他们把这些垃圾卖得很贵要么降价要么干脆免费一旦成为垃圾这些垃圾就是大家的了不久后应该给猪发工资它们比市政府有用多了……”

突然，在一阵可怕的嘈杂声中，库房苏醒了过来，又有两个男人走了出来（另两个兄弟？），那些停运的机器开始了工作，齿轮发出的尖锐声音比发动机的跳动声还要巨大。传送带上会合的黏稠物质开始向前移动，向四处飞溅出脏水、机油，还有很多其他属性不明的液体。

此刻，因为机器的噪声，前一对兄弟开始大喊：

“所谓工作很简单能吃的垃圾就给猪吃不能吃的垃圾就丢进那边的槽里让它们腐烂然后碾碎变成糊状就能成为未来的纸张这些市政府可是无能为力的。”

我终于见到了全家人。除了先前的四个，我还见到了第五个，以及他年轻的妻子，这两位负责切纸机，将传送带上输送出来的纸切成合适的尺寸。他们请我原谅另一个兄弟的缺席，他去找维修工了，那个维修工总是叫也叫不来，一个不来的维修工有什么用？还有其他家庭成员，我们最好还是忘了吧：

“他们不爱这份工作所以没有选择投身造纸。”

前两个兄弟，还有几头猪，陪着我逛完了整个场地。一路上，我又发现了自己犯的错：刚到时看到的棕色物体不是石头，而是纸，是等待干燥的纸页。

“那些什么时候可以完成？”

他们耸耸肩。有时萨拉斯瓦蒂河会想起自己是一条河，然后泛滥。

“然后呢？”

“然后就要停工。”

“然后呢？”

“然后就会缺钱而我们吃的就少了。”

我刚好有时间见见五个孩子。他们都很漂亮，很整洁，刚刚放学，只是手指被墨水弄得有些脏。

第二间作坊

看起来像是一栋房子。天下起了雨，我现在来到了城市的另一边。找到这里真是松一口气，因为马路上真是泥泞不堪。我上前几步，敲敲门。一位很年轻的妇人开门迎接，她手里牵着一个孩子，两个人笑脸相迎。入口既宽敞又整洁，里面有三间房，门都敞开着。第一间房里是一张大床，第二间应该是客厅，一位看来像是开门者母亲的妇人坐在地毯上，分拣着衣物。和另两间不同，第三间房很凌乱，应该是被当作杂物堆放间。

这就是一栋房子，和其他房子别无二致，那个手里牵着孩子的年轻女人，面带微笑，带着我来到一段楼梯前，楼梯通往地下室。

又笑了笑。

“你是为了这而来的吧，对吗？”

下到第三级台阶，等双眼适应了霓虹灯的光，终于能看清未曾预料能看到的东西，这才明白，在这栋房子下面，是“地狱”，“地狱”就是这房子的一部分。

这“地狱”大约二十平方米大的洞穴，有地面，顶很低，黑墙积满污垢。这黑色像是混合物，一位老人和蔼而又骄傲地请我伸手摸一摸。

“不用害怕，只是纯海绵，是制造高科技纸的必需品。”

他又强调：“高科技。”

到处都挂着电线，老人拉了其中一根，混合物开始沸腾。

一位妇人，看起来大约六十多岁，应该是这位新朋友的妻子，她把一个大口杯伸进“纯海绵”的混合物里，然后又回来屈膝坐在一个像是压榨机的东西前。

她把黑色的糊倒进一个开口很大的漏斗里，按下操纵杆。她露出仿佛是这个家特有的标志性笑容，把生产出的产品交给我，还湿湿的，我禁不住用法语惊叫了一声，我知道纸可以用来做成千万的东西，但没想到还可以做胸罩。长着这样奇怪胸部的女人又在哪里呢？胸围那么大，罩杯又那么小。

多谢萨尔曼，把我的话被翻译后引发了许久的笑声。两位老人笑得前仰后合，双手举在空中（对着混凝土的天花板），以免把脸弄脏弄黑。

恢复平静后，我从楼梯走了上去。参观还没结束，最后或许我能搞清楚这充满魅力的一家人真正制造的是什么。在底楼，生活继续着。孩子在玩耍，她的母亲看起来越来越美丽，还在分拣着衣物。好消息，我这么愚蠢地告诉自己：有这么大个衣橱，我们什么重要的东西都不会缺！我一直走到了屋顶。

作坊的顶上只有一层编织的芦苇保护。

两个男人屈膝跪着，在压榨机前忙碌着。每次他们按下操纵杆，那些假的胸罩就都消失不见，淹没在一团蒸汽中了。

其中一个人注意到了我，同样礼貌地向我介绍他的产品：扬声器的外壳。

我热情而又真诚地向他表达了恭喜，“高科技”纸万岁！我很快地问了几个直接的问题，他们都亲切地回答我，令我非常感动。

由此看来，这非常好客又勤奋的侯赛因一家，年复一年，生产了二十万台扬声器。此外，侯赛因一家生产的设备比索尼或天龙的机器便宜许多，都卖给会精打细算的人。还有，有超过六百个这样的作坊散落在各座与此类似的“房屋”中，或像那座养猪场一样的库房里。他们用“手工”制造的纸制品，多少有些“高科技”。而且他们都隶属于卡奇的大体系，都是由我之前遇到的那些企业家们亲自管理。装作知道这些“地狱”里的工人们的“薪资”多少有些不切实际。我每个问题都会得到同样的回答：“这是家族企业。”

我惭愧地离开。我怎么会忘记，要保护他们的秘密，最好的方法就是不传外人？更何况这个体系里有六百个家庭……

※

夜幕即将降临，天上布满了彩色的“方块儿”，像是从书里撕下的一页页纸，被强烈的气流吹散在空中。我们天真地想要跳起来看一看，哪怕是只读几行，知道上面说的是什么故事。这当然徒劳无功。蹲坐在峭壁上的猴子们互相嘲笑着。越来越多的“方块儿”飘上去，让鸽子们心生不快。最后我发现，孩子们放学了，是他们在玩着最心爱的玩具：风筝。

第二天我知道了，它们是用竹棍和最轻的纸做的。他们告诉我，这种稀有的东西来自北方。北方邦为什么会知道，又是何时知道其他国家所不知道的制作技艺？

轻巧的真正秘诀只会来自恒河沿岸？

这一刻，我想到的只有孩子，他们就是风景。我并没有看到他们，却知道他们在那里，一定是的：每个风筝都连着一根线，而在每根线的尽头，我都能想象到是一张孩子的笑脸。

在这一天快要结束的时刻，汽车、出租车、卡车、货车汇聚的车流拥堵在街上，空不出一条道让涂成玫瑰色的大象通过，而游客们在大象上咯咯笑着。在这幅难以言喻的画面之上，孩子们带着他们轻巧的纸鸟，这是统治着城市的北方邦赠予的礼物。

这样的景象并不总是安详宁静的。在许多街区，穆斯林和印度教徒无法和平共处，孩子们也以他们的方式参与了大人们的争斗。小穆斯林选择的风筝是黑色的纸做的。他们在风中迎击小印度教徒们的风筝，他们的风筝则是五彩斑斓的。这是（风筝的）生死之战，他们都在线上绑上玻璃碎片，好割断敌人的绳子。

是的，在每一根风筝线的末端，应该想象有一个孩子。而在其中一些孩子的心中，仇根已经生根，只等渐渐长大。

故事的必要性

宝莱坞（印度）

从拉贾斯坦邦这个怀旧的国度出来，有一个邪恶的声音不停地重复着：“别再盯着你的纸不放了！看看现代的一面吧。你那么喜欢故事……现在人们都在大荧幕上讲故事。如今你看够了历史，是时候去宝莱坞了，你敢不敢！”

为了让这声音闭嘴，我听了它的建议，离开孟买，沿着四车道的公路一路向北，随后右转，过了安泰里就是。宝莱坞就坐落在那里，在一座巨大的国家公园南边，公园里有三片湖，有山洞（古代的寺院），还有一片狮子保护区。

穿过铁栅栏，便迎来了一片崭新的世界。游客开始信以为真，因为道路穿过了一片真正的田野，沿路是货真价实的水稻，田间的乌鸦飞来飞去。

但当看到四处架满的摄像机，又听到田地的尽头传来一声“开机！”，我们很快就发现一切都是假的。两位美人互扇耳光的交战？假的！走向小教堂的新娘？假的！滑稽的年轻男主角往眼里灌水，随后陷入无尽的悲伤，很快，一位瞳孔黝黑的女子加入，两人为了表现他们的绝望，用手掌猛敲一辆伦敦出租车式样的大型汽车的前盖。十来个工人建造起一座宫殿，或者是宫殿的一些窗户，其实只有一个立面。还有工人雕刻着一座灰色的佛像。更远处，开机！一座小茅屋陷入火海，孩子们从里面逃出来。导演并不满意，修补茅屋，重新点火，开机！又一次，孩子从里面逃出来。一个人走到摄影师跟前，他似乎想说这场火灾很完美，不能更真实了，看起来，这人应该是投资方。

宝莱坞并没什么特别的，没有大白鲨，也没有宇宙飞船，和美国的工作室完全不同。有的只是日常生活的片段，只是有些夸张。正是这样的“寻常”让人目眩：我们的存在本身就是假的吗？也不是由我们自己上演，而是有导演指挥？有隐形的摄像机拍摄？

大荧幕是吃人的怪物，有着填不满的食欲。我们正是在这里，没日没夜地生产它的食物。

但真正的怪物是盯机摄像的人，是收录同期声的人。

为什么人们，尤其是印度人会对故事有这样的需求呢？可能是因为：印度千变万化，比其他任何国家都更加变化多端，尤其是在这十几亿的人中，他们还加入了数不清的神明。为了抵抗无尽的、巨大的离心力，需要统一。除了故事，还有什么更好地将它们编织起来的方法呢？故事让角色共享同一段命运，让观众感受同一份热情。

或许，如果过去没有摩诃婆罗多，现在没有宝莱坞，印度会一飞冲天？

或许，印度最需要的东西其实就是在这国家公园里制造的，距离山洞里的寺院和狮子保护区近在咫尺？

纸的地缘政治（一）

在我继续我的行程前，我感觉有必要展现一幅全景：在哪些国家，什么人，用什么方式，在制造纸张？

法国造纸工会换了办公地。他们决定将财产和回忆都搬到蒙马特高地之下，巴黎那片曾被誉为“新雅典”的街区。19世纪末，包括龚古尔兄弟在内的许多画家和作家，这群脾气暴躁的人在那里结识了金融家阿方斯·德·罗斯柴尔德，以及著名的波利多·米洛——《小日报》的创办者，他将自己的公馆装饰成赫库兰尼姆古城的式样，皆因其对庞贝古城的怀旧。在这处公馆中，他妻子的雕像一丝不挂，在众多雕像中迎接你。

搬运公司还在搬运箱子，钻头的声音让人产生不悦的幻想，仿佛置身牙医的等候室中，听他打开牙钻。与此同时，首席经济学家诺埃尔·芒然开始沉着地以大笔触为我描绘全球造纸业的地图。

（1）非物质的增长

首先是一个好消息：整体来说，纸的现状很好，自1945年以来，其销量一直保持增长。

但是，这地球上没有完美，也没有平等。珍贵的纸分为三类，而各自的命运大不相同。

先来说说悲伤的事实，第一类“绘图”纸的情况并不好。唉，这类纸正是我们所爱的，是我们印刷报纸和书所用的。虽然它在发展中国家的销量依然保持增长，但在我们这儿，即便没有倒退，也已停滞不前。这都是数字化的过错，非物质赢得了阵地。

第二类是包装用纸，它还算在增长。我们购买或生产的东西越多，所需要生产的容器也越多：盒子、箱子、袋子。亚洲和拉丁美洲的经济更为活跃，那里的包装行业也过着更幸福的日子。

第三类是人人喜闻乐见，或说长久以来都如此的：棉纸。手帕、餐巾、卫生纸、湿巾……在全球各地，用量都在攀升，利润可观。

（2）通向巨型化

为了增加收益，机器越来越大，越来越复杂，也因而越来越贵：如果原材料是回收纸的话，机器造价至少要三亿五千万欧元；如果是要处理原生纤维的话，费用就更高。如果要开一间纸浆工厂，处理每吨纸浆需要花费一千美元，也就是说，按照如今一般的生产单位（一百五十万吨）计算，需要十五亿美元。

在花费上，还要加上基本设施（尤其是公路、引流水）的开销、能源的费用、维护的成本……甚至是购买土地的钱。

只有大公司才能投入足够的资金，它们收购跟不上节奏的小公司。

这样的集中化趋势无情地影响着整个纸浆生产和造纸行业。

那些处于行业下游，比如生产纸盒或是手帕这种质量轻却体积大的产品的公司，都很依赖他们的顾客。货车对他们来说成本太高，他们需要更小的工厂，却要更广的分布。

（3）回收

地球上的自然资源正在耗尽。面对如此稀缺的资源，该怎么办？还继续发展吗？

德国提供了它的路线。德国森林资源很少，使其成为回收资源方面无可争辩的冠军，它将自己的弱点变成了优势。

中国面对的情况更加微妙：它既没有足够的森林（尽管它很努力地想要恢复林地），也没有回收纸（内需水平一直很低）。它销往全球的产品要用什么包装呢？

中国设法从全球买入所有可以买到的用过的纸。于是，装满货物的集装箱从上海出发，回来时又装满旧的纸张。

回收纸开始仅涉及包装行业，占超过 80% 的比例。

“绘图”纸紧随其后，尤其从我们知道如何脱墨以后。

于是，古老的纸作为先祖，给在其之后出现的工业活动上了一堂现代化的课：别再浪费了！负责任的增长并不是要一路前行，一路毁灭。而应该是一个圆，或是一个螺旋，一边发展，一边不断重新利用其产生的废料。

（4）大陆的逻辑

大众普遍认为，如今的经济一方面带来好消息，而另一方面却缺乏人性的进化，这一情况是全球性的。这个仓促的观点与事实并不相符。一切秩序，包括地理、文化、语言、策略方面，都很相近，并在交流中常常发挥作用。

每年，全世界的工厂生产四亿吨纸张和纸箱。其他都在亚洲、欧洲、美洲……各个大陆之内流通。

大陆之间的贸易仅占了八百万吨。

（5）速度会让世界失去平衡吗？

桉树是投资者们最钟爱的树木，其原因既和植物学无关，也和审美无关，只因为它生长迅速，能带来更大收益。多亏有桉树，我们才能提高大自然的生产效率，事情就是如此。多谢了，桉树！那些生长缓慢的树木要如何应对呢？有些树的生长比松树、冷杉、云杉、桦树还要慢十倍，该怎么办？

北方的森林会遭遇怎样的未来？它们受到南半球新乐土的威胁，发疯似的种植和“克隆”桉树，它们长成可用之材甚至都用不了五年时间。

感谢诺埃尔·芒然给我上了这一课，然后就像非洲人常说的“问了问路”。走到外面，我又回到了“新雅典”，我很愿意在这里花些时间追随波利多·米洛夫人的足迹，那位在裸体雕塑中迎客的女性。

但是，全世界的纸在等着我，还有与它们联系在一起的森林。我深深吸了一口气，冲进地铁里，12号线，圣乔治站，去往伊西市政府及夏贝尔门站。晚上，一位名叫帕特里斯的芒然先生，从蒙特利尔打电话给我。我们约好，他明天在机场等我。不过他想提前告诉我：这个时候的魁北克，还没有冷到我之前提过的所期望的那个程度。他问我是不是考虑将行程改期？

纸 业 周

蒙特利尔（加拿大）

2011年1月20日。

在好莱坞，阿夫兰·拉扎尔一定能轻松演活一个恶棍。他的脸那么长，头顶光秃，像是演员罗伯特·杜瓦尔和昔日的金融杀手、雷曼兄弟银行最后一任总裁理查德·福尔德的混合体。

拉扎尔先生将为我们参加的纸业周发表闭幕演讲。这位预言家走到讲台前，我打了个冷战：这人真是让人害怕。

八年中，他成为木材老板中的老板。加拿大是森林之国（占全世界森林总量的10%），而他在这个国家手握大权。不过，这个权力现在正受到威胁。

一个重大的危机正侵扰着这一行业。直接或间接地，森林还是养活了加拿大超过六十万的人。自2006年以来，就业岗位缩减了七万以上。该如何中止这样的损失？看得出，阿夫兰·拉扎尔表情严肃。

现在远非黄金时代，不是我们随处想怎么砍树就怎么砍树！当时所有的纸，所有的木板都卖给了庞大的邻国——美国，他们太喜欢厚重的报纸（周末时运送的纸厚达好几厘米），又建造太多的房屋，以显得自己很精打细算。

在那些光荣岁月里，“纸业周”接待的可不止如今的区区四百人，而是一万五千人。

之后阴霾降临，美国忽然决定对加拿大进口的产品加收重税，美国的生产者们则从中获益。他们辩护说，加拿大的森林大部分都是英国的财产，加拿大只是以微不足道的价格租赁了这些土地，这样的竞争不公平……

最沉重的打击还未来到。从2008年起，美国房地产市场的崩溃沉重打击了加拿大的林业。

怎么办？

如何拯救我们的工业，拯救加拿大的肺？

从阿夫兰·拉扎尔演讲一开始，我就惊讶万分。从这个好莱坞“恶棍”身上，我首先看到的是：这个人既不能自圆其说，又不会给赤裸的现实裹上糖衣。

“不要抱怨经济危机，”他大喊，“不要期待周期的回归：我们可能会等太久。我们因为便利而懈怠。当然，我们还是应该继续找回竞争力，我们应当从对我们这个大邻国的依赖中走出来。但也别搞错了，更应该改变的是我们整个系统！”

我的惊讶还不止于此。

拉扎尔继续往下说，比先前更加斗志昂扬。

他提到了“北方联盟”，二十家主要的林业公司和九个政府组织刚刚签署了这一协议。

“如今，我们似乎成了全世界管理和保护林业的模范。”

我保证一回到巴黎就向我在世界自然基金会的朋友求证这一点。企业家和环保主义者们是否能够找到这样一块可以达成共识的阵地？

拉扎尔下面的讲话回答了我的问题：

“我们已历经千山万水，但还有很多事亟待解决。非政府组织希望我们行动起来，我们不会再停下脚步！这是必要的。但这还远远不够。最紧要的是找回我们在竞争中失去的位置。一片失去竞争力的森林是一片被判死刑的森林，是一片被抛弃的森林，不管有些人怎么想，这对自然是有害的。唯一的方法，并且别无选择：让森林贡献一切它所能贡献的。”

不仅仅是纸浆和木板！

在接下去的一刻钟里，我知道了树皮可以产生能源，其他残渣可以生产生物乙醇和一系列化学制品，是药剂生产的保障……

总而言之，森林在某种程度上也是油矿，只需加快转型的步伐。未来属于绿色的精炼厂。

掌声热烈，但没有人笑，大家都目光坚定。阿夫兰·拉扎尔刚刚书写完未来十年的路线图。这仍然是一项清晰的策略，是对加拿大林业复兴的展望。

大厅里的人走光了，“纸业周”结束了。我从没住过像这家费尔蒙伊丽莎白女王酒店这么古老而舒适的地方，也从来没有这么深刻地理解，北方有武器，北方要战斗。但从今以后，南方才握有大多数的关键“钥匙”。森林的未来属于南方。

向筏运工致敬

三河市（加拿大）

我刚在市里转了一圈，有些失望，几乎没看到什么历史痕迹。因为在 1908 年，一场严重的火灾毁掉了一切。古老的三河市只剩下一座修道院（乌尔苏拉修道院），还有几座整修一新的老房。

我在一阵凉风中来到了蒂尔科特露台。这里的魅力和高贵令人心醉，在我面前，圣劳伦斯河从东向西流去。

我们跟随着它的流向，看它将冰雪带向远方。而整个山谷，直到地平线，都被冰雪覆盖，我们面前便呈现出两片纯洁的雪白，一动一静。

我忍不住要问个问题，它已经困扰了我很长时间。

为什么叫三河市？这名字有什么含义？我只看到一条河流汇入另一条。

这个错误来自雅克・卡蒂埃探险队的一名成员。

顺着圣劳伦斯河溯源而上，他发现右手边有一个、两个、三个河口。怎么能抱怨这个水手搞错了呢？该责备的是河床上那突兀的两座小岛。它们才是错觉的元凶。

在波雷亚里斯这座又新又漂亮的纸的博物馆里，有两件惊奇的事等着你发现。

美丽的馆长瓦莱丽・布儒瓦的眼睛，是和哈士奇雪橇犬一样的淡蓝色。

要向这群大地上的可怜人致敬，他们是森林中的工人，为造纸工厂提供木材。

整个冬天，从早上六点到晚上九点，在冰天雪地中，在黑夜里，这群伐木工人砍伐树木，随后，在马或牛的帮助下，他们将砍下的树木拖到或是让它们滑到结冰的河边。

等到春天，河水解冻，他们将树干推进河中。最危险的事情开始了：筏运工们开始工作了。

这就是木材流送，在常常又汹涌又冰冷的河水中运送木材。有电影展现了筏运工们小步跑在这些木排上，木材表面很不稳，噢，都还不停地滚动着。工人们手里拿着长长的竿子，末端有一个小钩，以此引导这些顺流而下的疯狂的木头。有时会遇到堵塞：一堆交错的树干堵住了河流。有筏运工就会拿着带炸药的棍子靠过去。一放下炸药，就看到他们立刻跑走。爆炸过后，树干又重新滚动起来，再次上路，来不及逃跑的筏运工们可能会受伤或淹死，抑或同时遭遇这两样。

背景音乐是费利克斯·勒克莱尔的优美歌曲。我将整首歌摘录在下面，这首歌实在太颤动人心了。

筏 流

费利克斯·勒克莱尔

从布吕莱湖底开始，
大约在五月八日或十日附近。
死神长途跋涉，
穿上白色的泡沫，
让树干滚起，
好让西尔维奥摔倒。
[……]
西尔维奥手舞足蹈，东倒西歪，
像是在过周日，或是好运之夜，
漩涡在叫，树干在滚，
香气让人陶醉，他还屹立不倒。
[……]

时间很长，
水很深。
在世界的别处，
女人金发碧眼。
[……]
木头要造纸，
木头要做纸箱，
木头用来取暖，
木头用来造房。
没有木头，就没有作家，
没有书也没有理。
那样或许也很好，
但或许也不好。
他的脑中只有漂浮的木头，
还有村中做着针线活的妻子。
西尔维奥手舞足蹈，东倒西歪，
像是在过周日，或是好运之夜，
漩涡在叫，树干在滚，
香气让人陶醉，他还屹立不倒，
他还屹立不倒。

在下游，造纸作坊需要木材，他们总是不断地需要更多的木材。

“木材”这个词和加拿大的首都渥太华的词源相同（都来源于“欢乐小镇”）。

欢乐小镇（Happy Town）。

木材（Pitoune）。

渥太华（Ottawa）。

在这里，词语会变动，就像土壤会根据季节变化，从冰天雪地变成泥浆，从泥浆变成草地，从草地变成苔藓和蘑菇。

我问："多少？"

我又问了遍："多少？"

因为工厂需要木材，我们需要书和报纸，多少伐木工人、筏运工人为此而死去？波雷亚里斯博物馆的馆长瓦莱丽·布儒瓦看了看我。我特别不想让她为难，但我是个固执的人。我又问了一遍，她回答我："很多。"

为了运输树干，卡车接替了河流。圣莫里斯河已经病了，树干在漂浮时，会长时间地释放某种液体，这种液体能杀死河里的一切生物。

我们以为在说的是另一个时代。

但你知道最后一次筏流是什么时候吗？

1995 年。

昨天。

拉图克

加拿大

主角还未登场，它已经给予了这个国家很多，我们还希望它再施以慷慨。

所有和我谈话的人都意见一致：

“森林，真正的森林是从拉图克开始的。这里是城市，也是城外的桃源，对城里人来说，是野外的生活，是舒适的木屋别院。”

还有，费利克斯·勒克莱尔就是在拉图克出生的！

而接下来这个理由才是首要的：我必须来看一下这个魁北克民族诗人夏尔·德内的出生地。

于是我出发了，在到达真正的森林前，我却先爱上了圣莫里斯河。

它宽广、笔直、坦荡，不是喜欢献媚、玩弄少女、令人受惊的那种气质。它注定从北方来，投入圣劳伦斯河的怀抱。它勇敢前行，从不蜿蜒，从不要诡计，决定了，就勇往直前。

真是一条彻头彻尾的魁北克河流。

我溯流而上。河面结了冰，真是糟糕，但冰冻也没有夺走一切。在某些地方，河流也在抗议，它在提醒别人自己的存在。我们看见它那黑色的水流。冬天展现了它的重要性，但很快春天就回来让它收敛。圣莫里斯，在印第安语里的意思是“流淌的河”，有趣又冗余的赞美。

当心！每隔十公里，公路安全部门就会警告：“动物不只会出现在警示牌上。”后面画上一只麋鹿或一头熊。这个告示给我带来了希望。先前我很失望：加拿大的动物，除了巨大的乌鸦，我什么都没看到。

河谷终于越来越大，中间是一座美丽的圆形山丘，形状像结冰的炸弹——或像“拉图克”。

“拉图克”指的是伐木工的御寒帽。

一座泛黄的山脉，泛黄可能是因为碎木屑的关系，这表示附近有一座造纸工厂，这一点儿都不出乎意料。但假如我告诉你，这里的一座大楼里无比谨慎而又隐蔽地从事着一项活动，你定会又回想起那些罪恶的念头，而平凡的拉图克（一千三百万居民，包括所有村镇在内）会是你的一个绝佳地理选择。其实，正是在这里，约翰·路易斯公司为哈根达斯冰淇淋生产木棍。你知不知道它们完全是用桦树做的？

我还要再度过一段身在异乡的生活。在这星球上，城市的入口无外乎机场和公路。我已经选好了入城时刻，巨大的横幅上，除了指向费利克斯·勒克莱尔文化中心的方向，还宣传着一场百年庆祝活动。

拉图克，1911—2011 年。

之后的时间里，遇到我的每个拉图克男人和女人都问我：

“你来参加我们的百年纪念活动吗？”

我不停地向他们说这是个误会。

我要去阿马尔泰美食店，它在圣若瑟路 332 号（电话是 8195232750）。

“你不会找错的，”他们都这么告诉我，“就在兽医诊所的对面，紧靠着一家很不受推崇的门面——维纳斯沙龙。”

“周六，有早午餐！”老板娘吉塞勒·克莱泰告诉我，带着不可争辩的权威，和美丽省饭店里女服务员般的热情。

我礼貌地表达了我的满意。一男一女在等着我，我们热情地握手，接着开始吃早午餐，吃的是这家店的特色菜：鲑鱼配墨西哥玉米片，淋上融化的温热橙色芝士，再配上两根香肠（野猪肉和野牛肉）。

※

差不多喝完一杯咖啡的时间，雪就积到了齐膝高，我仿佛置身日本电影《德尔苏·乌扎拉》之中，就像那个要勘察森林的俄罗斯地理学家。首先要了解每个居民的名字，还要留心一些虚假的朋友：走近看，云杉和冷杉毫无关系，美洲山杨树则很有桦树的气派……

我的导游——林业学校校长告诉我，要看大型动物的话，要早上很早就来。

要看小动物的话，就要等到春天，大地复苏。

我当然要看。我一路爬到了最高点——一座山丘的顶峰，孩子们从上面滑雪下来。这里就像是一片海，海的颜色更接近棕色，而非绿色。

冷杉和云杉多的地方颜色就比较暗（既然我知道了这些树木的名称，我就不会丢下它们不用），而种美洲山杨的地方则颜色更亮，接近灰色。

我在三河市的朋友们是对的：加拿大真正的森林是从拉图克开始的。要怎么让你知道它有多大？数字够吗？超过三亿亩。

※

地上有一片树林，试着想想，暴风雨来时的样子。不过，那是一场喜欢秩序的暴风雨：树干被修剪去枝丫，并被细心地整齐地排列着，就像是美国的城市，每条路都呈垂直交叉状。我们在“街区”之间行动，树和楼差不多同样高，街区里的树都着过火，是去年夏天火灾后留下的；这个街区的云杉大概有一公里长；那个街区的桦树在最美的一片树林里，最整齐，最金黄；还有那个街区的白杨树……

于是，临近的工厂都来到这里取材，有造纸厂、锯木厂。

“过几个礼拜，大卡车就会来把它们都运走。”

“我感觉它们的尺寸……”

“两百吨。过马路的时候要小心！”

“整片林子就空了？”

“一直空到明年冬天。”

林中空地，在我们的词汇中，这更让人联想起隐秘之事，是叶丛中的渺小，是在一片斑驳草丛中穿过的一头母鹿和它的小崽。

这片“林中空地”算下来该有三公里长。我在这片树林前忍不住惊叹，我的导游则在一旁安慰我。他拿出地图给我看，我们勘察的还只是很小的一片区域。你别担心了！

※

我又回到阿马尔泰美食店。

就是在这里，两个卡车司机详细地为我描述了情况。

他们告诉我，他们的工作就是整天整天地行驶。

“该死的公路！”

“这路在吞噬生命！”

然而，他们还是达成了一致：没有公路只会更糟。路，在某个时刻，会变成一条征途，我们欧洲人深知这一点。而当路途本身，忽然之间，停了下来，它们的尽头便深不可测。这或许能让我们对加拿大的广袤有一丝了解。

星星的升降梯

三河市（加拿大）

一切都是从童年开始。

帕特里斯·芒然出生在佛日山脉边的一个名叫维什的小村庄。他的父亲经营着一家农场，并管理着一片森林。帕特里斯什么活儿都帮他父亲做。

选什么学校呢？当然是树木方面教得最好的那所。这所学校在格勒诺布尔。成为工程师后，我们的帕特里斯静心聆听，有一个声音在召唤他，那声音来自加拿大的森林。

他来到三河市的时候，身无分文。他唯一的联系人外出度假去了。他那年二十五岁。他找到了工作，爱上了魁北克和一个魁北克姑娘，这使他更具一份与众不同的来自灵魂的力量，那里的女人可不好骗。他的竞争力越来越强，法国想请他回来，斯德哥尔摩也邀请他……但三河市却对他感到厌烦了。有一天，他收到一份邀约：设计并建造一座发明纸和未来纸制品的中心。

有什么理由拒绝这样一项计划呢？资金那么有保障（八千万美元）。

两年后，“纸浆与纸张综合中心”向一百五十位研究者敞开了大门。

我的参观持续了五个小时。芒然先生既健谈又热情，而且参观的线路之多，实在数不胜数。

三河市从不忽视传统领域，很重视改进现状：回收，漂白，节约材料和能源，试验别人没想到过的纤维和添加剂。工业家们有切实的期待，并且与时俱进。

从一个实验室走到另一个实验室，我感觉芒然先生越来越热情，尤其是谈到刚发现的新大陆，谈到光明的前景。

我第一次感到，我这位亲爱的老朋友和科学之间保持了一种类似浮士德和恶魔之间的关系：他期望科学能让他永葆青春，能一劳永逸地重新恢复它的力量。

这堆纸就是！

我凑到近前，只看到一方纸。

再凑近看，大小不过五平方厘米，厚半毫米。

芒然先生有些遗憾地向我坦承，芬兰人快了一步。这堆小纸片[1]现在可以产生超过三伏特的电压，目前仅应用在音乐卡片上，但未来前景不仅多样，利润也很可观。它可以让哈利·波特的日记成为现实，日记里的图像都会忽然活动起来；它能给医用绷带提供电力，以更好地将活化剂注入皮肤。如今，美国国家航空航天局刚给我们寄来了合同……

看到我惊讶的样子芒然先生很满意，关上第一间实验室的门，带我去了下一间。

※

“应该恢复使用石棉。”

作为一个好的演讲者，芒然先生知道需要时不时地叫醒他的观众。一如所料，我惊讶万分。他怎么敢赞美这种公敌式的矿物？多少生命因它而死！

他笑了笑，继续说下去。

“如果我们只是提取长纤维，石棉便是无害的，甚至很有助益。例如用来造纸。”

“有什么用呢？”

“防火。公证人和档案保管员很喜欢这种纸，这些人最痛恨火灾了。”

※

此时，帕特里斯·芒然打开了电脑，屏幕上出现了一个表面凹凸的巨大灰色球体，

1 由二氧化锌和锰的三明治结构构成，以锌的氯化物作为电解质。

很可能，这就是个星球。一个奇怪的东西在靠近它，非常非常小，像昆虫，或说像宇宙飞船，它准备降落在星球上。它看起来并不十分友好，过了一会儿，这一印象就得到了证实。它的爪子中间出现了一根针，刺入星球，直插深处。

这看起来像一场宇宙战争（和大家一样，我也掉入了这个陷阱），其实这段影片展现的是病毒（那个小入侵者）如何侵入细菌（行星）。

为什么不在某些纸上植入一些有益的病毒，让它们为我们清除永远的敌人——细菌？比如，在厕纸上植入 T 病毒，可以帮我们摆脱大肠杆菌，这个可恶的入侵者是造成严重感染的元凶。

想法一旦在发明者脑中产生，他就一定要将其实现。困难也随之出现了。

要在纸的哪里植入细菌呢？太深入的话，会失去功效；太表面的话，又可能无法依附。而且，说到底，要怎么让它尽可能长时间地保持活性呢？

要回答这些问题，就意味着要与纸保持亲密，探索它的结构核心，这才能找到方法，将这些精心挑选的“病毒武器联盟”舒服又持久地安顿其中。

这样一座设备齐全的研究中心的优势很难估量，这里生产了新的纸张，验证了其有效性，并且研究了大规模生产的可能性（和成本）。

帕特里斯·芒然想要提醒我们，一个想法的真正命运，不是产生一本书，而是产生一样有用（又有利可图）的东西。

※

知道表面秘密的人有可怕的能力，比如揭穿罪犯。

在这里的一个部门中，一位比利时学者专事追踪痕迹。不管什么痕迹，不管什么表面，都逃不过她设计的仪器和她锐利的目光。我又一次放心地关上门。安心睡吧，勇敢的人！你可能会被偷，可能会被暗杀，但请放心！我们会找到袭击你的人。

又一次，我要表示我对纸的谢意。它再度让我们的星球变得更加先进，更加适合居住。

※

我们回到中心办公室。

芒然先生看了一眼便利贴，笑了笑。

他的一个博士学生，他的追随者，给他留了一只麋鹿腿。

“你看，我们对阿夫兰·拉扎尔的命令言听计从：把加拿大森林里的所有产品都变成钱！”

于是我们在这间巨大的冰冷的房间里四处搜寻我们的鹿肉，周围是小心保存的纸浆和纸张样品。我记得参观过一些其他档案馆，都是石头般冷冰冰的样子，第一次是在一个石油专家那里，第二次是在古代气候专家克洛德·洛里厄斯那里。

※

芒然先生把最好的留到了最后，我感觉也是最童真的。我们离开了综合中心，在三河市，夜幕已经降临很久了。箱子里除了铲子和链子这些对付恶劣天气的必需品外，还躺着那只麋鹿腿。晚餐正式开始了。

“你听说过‘星星的升降梯’吗？”

我承认我很无知。

“没关系，但我要绕点路……”

他突然停了下来，避开一辆停着的汽车。

“……先讲讲纳米纤维素。”

芒然先生还在给我设陷阱，我还以为他是想起来要绕去面包店。

简单来说，纤维素是由纳米级别的晶状体组成的。结构很规整，因而很坚固，与另一些更松散的部分交叉。

我们如今已经可以分离晶体。

晶体纳米纤维素有罕见的特性：很强的抗金属性、自我聚合、产生胶体的能力……

这就是为什么如此多的行业对它感兴趣：航空航天业、汽车业、药学行业、化妆品行业……

也许是这一天有些累了，或是饿了，我有些扫兴地笑了一下，说起了科幻。

“别搞错了。第一家工厂会开在温莎，就在蒙特利尔的东边。是一家工厂，你听到我说的了吗？（我激怒了他，他的声音听起来不再那么亲切了。）不是一间实验室！”

我们到了。我看了看芒然先生的表情，他还在生气。还来不及和他最爱的两个魁北克女人：他的妻子朱莉和他的女儿——未来的演员埃弗，打个招呼，他就走下了楼梯。他带我走到他的洞穴办公室里，毫无征兆地，我们出发去“星星”那里。

1960 年的一天，在一份最严肃的期刊上，出现了一位俄罗斯数学家尤里·阿特苏塔诺夫的论文。当时苏联正和美国进行太空竞赛，这是冷战期间的主要筹码，苏联卫星一号已经成功发射，并绕地球运行。文章里的一个提议只得到了嘲笑和忽视，最善意的对待，也不过是把他当作儒勒·凡尔纳。然而，他的报告建立在扎实的数学基础之上，难以驳倒：与其用又贵又高风险的火箭，为什么不建一座*星星的升降梯*呢？

原理很简单。将一根缆索带到地球同步卫星上，让缆索垂下来直到地面。完成后将它固定在太平洋中间一个位置理想的平台上。

所有的升降机都需要平衡块。阿特苏塔诺夫建议将缆索延长到同步卫星下方，并装上一颗小行星。

缆索一旦固定好，安装升降机就像是孩子的游戏了。

我发表了意见：

“这和加拿大的森林有什么关系？”

帕特里斯·芒然友好又同情地打量了我，我能感觉到：科学家用这种眼神看我这个渺小的人，是无法忍受我的无能。

“我和你说的那种缆索非常长，对吗？”

“当然！”

“大约有十万公里。我们不能让它断掉，这你同意吧？”

“显而易见！”

“那依你看，唯一坚固到适合制造这种缆索的材料是什么呢？”

“碳！”

“好极了。只是，碳制造起来太贵了。”

“所以就要用到纳米纤维素！”

尽管有些晚，但我还是挽回了帕特里斯·芒然对我的尊重。朱莉已经打了很多次电话给我们：麋鹿肉又要凉掉了。

帕特里斯·芒然一旦陷入梦想中，没有人能让他停下来。

“美国国家航空航天局，对，就是美国国家航空航天局，答应拨款一百万美元，你听好了，是一百万美元，给任何可以为这一计划提供决定性贡献的人。你觉得他们会投资无用的项目吗？”

我刚回到法国，就开始想念北方的森林。于是，我又出发前往斯堪的纳维亚。

来自寒冷地方的纸（一）

斯韦托戈尔斯克（俄罗斯）

2011年2月20日，周日。

我前往寻找极限气温的旅程从芬兰的蒂库里拉车站开始。站台上，为了防止打滑，有人在冰上撒了灰色的小碎石。有一个巨大的温度计，大家都把它当作神谕一样在看，那上面显示的数值也才只有零下十度。一个比较文学专业的学生让我放心，他和我一样有对“真正”的向往，他高兴地告诉我，往东去，我就会发现“真正的芬兰”。下午才刚开始，白天却像要结束了。我还要再坐两小时的火车，两小时中途经的这座森林仿佛永远没有尽头，拉彭兰塔市用我期待的温度作为礼物欢迎我的到来：零下二十八度。

夜，像刀刃一样划破面容。无声无息。在昏暗的街上，没有生灵。或许芬兰的语言里有一种词汇表达“熄雪”，就像是某种气候上的“熄灯”[1]。宾馆的房间让我感觉小却温暖舒适。想到外面的严寒，我就仿佛得到了母亲的抚慰。最后我想到了这高纬度地区的树木：它们多么勇敢，与如此充满敌意的空气交战，慢慢生长，不畏艰辛！缓慢使得纤维生长得更加绵长，我要对此致敬。之后我进入梦乡，与其说是盖着羽绒被，不如说是在这世上最有耐力的纸的保护下。

1 熄灯在此处指气候中的“停雪”。——译者注次日，早上八点。

拉彭兰塔似乎很高兴迎回了它的居民。街上行人如织。慢跑的人们经过，步伐小而快，头上戴着御寒帽，小背包稳稳地垫在两肩上。据说这是最好的方法，最受推崇，大家都这样去上班。

我们的目标是国境线，交通工具是一辆沃尔沃汽车，就连座椅下都是热热的。

今天早上带我打开俄罗斯大门的人叫作皮埃尔·勒隆，他是代理，也可以称之为中间人。

因为现代化而泛滥的是，人们误以为，缺乏灵魂的理性如今主宰着这个星球。大多数人相信，国际经济关系是被不知名的结构所垄断的，这种结构只要数字，只要数据电子表格。

实际上，并非如此。在许多部门，尤其几乎是对所有的原材料来说，人，你没看错，才是最关键的。是有着血肉之躯、有热情、会憎恨、会酗酒的人，是有着耐心去交织日渐兴旺的网络的人，是有着长久友谊和无比竞争力的人，而友谊和竞争力，如众人所知，是值得信赖的两大最基本要素。在这场游戏里，人通常赚到的是很少的财富，这是他们有用处的证明，因为在他们的世界中，每个美元，每个欧元，每个卢布都是重要的，没有人是慈善家。

皮埃尔·勒隆将纸张的生产者和消费者（工业家）联系起来：前者能提供的产品很多样，后者的需求很明确，又各不相同，因而需要一个媒人为他们安排见面。

他的肩膀不是大，而是宽，走路的步伐像走上战场的斗士那样均匀摆动。他从一开始所表现出的力量在他那仿佛是永恒的微笑的映衬下，显得更加强大。他那锐利的眼神盯着你看，问你问题，也开玩笑。拿你开玩笑，或是拿这奇特的生活开玩笑，这奇妙的生活让我们在共同的好友亨利·德·芒东去世那么久之后才得以重聚，他可是纸业的大人物，就像是（松树的）纤维素。我们的友谊就好像杜河一样，埋进大地中，然后又突然出现，很久以后，依然如初，而我们都以为它已丢失。

皮埃尔·勒隆应当获得一枚我们共和国总统的勋章，以褒扬他在退休改革方面的贡献。尽管要渐渐迈入八十岁，他还是一刻都不愿停下，甚至都不愿放慢他活动的节奏。

“一个真正的谈判商，还在和上帝谈判死的日子和时刻。”

随着我们离前苏联越来越近，他想起了一些回忆。

“你知道我的第一间办公室在哪里吗？”

我不知道。

“我向《人道报》借的一间地下室。当时，20 世纪 50 年代初，社会冲突不断，法国总工会经常断电。我告诉自己，住在这些共产主义的地方，我就可以永远不断电了。这样我唯一的电报机就可以不受干扰地工作了，这样我就可以证明给我未来的客户看，我是多认真地工作……”

他赌赢了。

一天，经过无数的行程，因为顽强地坚持，更因为巨大的胆量，那台电报机开始发出声响：一张五吨的订单确认了。其他订单接踵而来。后来，最好的一年中有六十万吨订单（还要期待更好的）。

※

第二次世界大战最初的几个月里，我们法国人只能阻止德国人的进军。但别忘了，1939 年 9 月 1 日，俄罗斯军队突然入侵芬兰东南部的卡累利阿。斯大林想要从海上确保列宁格勒的补给，并且一路上吞并了有关的工厂，尤其是造纸厂。

一边是苏联的坦克，另一边是穿着雪鞋行动灵活的军队。抵抗非常激烈。

这场“冬季战争”（芬兰语中称为 *Talvisota*）在 3 月结束，以赫尔辛基的投降告终。这场战争让被入侵的芬兰阵亡两万四千人，而俄罗斯的阵亡人数是这个数字的近八倍。

像往常一样，和平归来，我们无法想象，此刻这般宁静的风景，在并不太久以前，竟然是如此激烈的战斗的舞台。在那些年中，这些树木承受了那么多的子弹和爆炸。

关于斯大林的回忆完全无法让我平静。我读过太多约翰·勒卡雷的间谍小说，不会再一靠近俄罗斯就感到战栗。

苏联的食人魔鬼已经死了吧？我一旦落入它的魔爪，它还会让我跑掉吗？尽管如此，我还是把自己当作了那个女人，去莫斯科和她爱的男人团聚。她很快告别，却落入陷阱：被迫在铁幕的另一边住了四十年。

为什么芬兰那么容易就摆脱了我？它的边境岗哨是空的，栏杆也是升起的。

阳光普照，零下二十九度。这里就是俄罗斯，想后退已经晚了。我从来没有坐过开得这么慢的车，轮胎在雪上嘎吱作响。

第一道关卡。一个士兵伸出手掌，示意减速。我们把护照举在空中，穿过带刺的荆棘。

高高的哨所监视着我，看起来虽然是空的，却充满了威胁。

第二道关卡。我们从车上下来，一个士兵指了指一扇门。一个女兵检查了我的护照，随后又看了看我，我从来没有被人看过那么久。随后她又拿起护照，在几个不同的灯下照了照。检验完毕，我们回到车上。又经过一些空的岗哨，还有熄灭的探照灯。

第三道关卡。第二次下车，我们在冰冷的空气中等了很久。碰巧，一个金发碧眼的高个女人走过来。她是警察、士兵还是海关人员？不管怎样，她戴着黑色大皮毛帽，系着披风，穿着黑色靴子。快冷死的时候，我们会使劲抓住幻觉丝毫不放过，以求生存，即便是最常见到的幻觉。这个高大的哨所女人严肃地盯着我，她应该已经猜到我愈加强烈想法。她可能会撕掉我的护照？然而，她厌烦地把它还给了我。

最后一道关卡，和第一道很像：同样缓速通过，同样的手拿护照高举空中。欢迎来到俄罗斯。

越来越国际化的经济、第二次世界大战、苏联解体、黑手党的角色、迅速推行自由贸易造成的危险……斯韦托戈尔斯克的历史正反映了近一百三十年的世界史。

卡尔·奥古斯塔·斯坦德思卓男爵是挪威人，富有而又充满活力。访问卡累利阿时，他发现了一个地方，认为那里非常适合建造一座造纸厂。一条美丽的河流——武克希河：能为这里提供能源；森林环绕四周：不需要再去遥远的地方寻找原材料；又坐落在两个大客户中间的理想位置：西北部是赫尔辛基，北面是圣彼得堡；而斯韦托戈尔斯克，这座村庄成为工人的主要来源地，还有其他人蜂拥而至，加入他们。

男爵在此投资：工厂不断现代化，成为主要的制造中心。

1940 年。

斯大林入侵芬兰，吞并卡累利阿。斯韦托戈尔斯克及其工厂都落入他的褡裢。

俄罗斯政府在 20 世纪 60 年代、70 年代至 80 年代不断扩大。今天早上，我在永远冰冷的天气（零下二十七度）中参观的这块场地，长四公里，宽两公里。这种“联合工厂”的形式——十来个工厂聚集在一起，一座医院，烟囱间还建起一所学校，大约八千人在此工作——像是一座真正的城市。

1989 年。[1]

共产主义政府倒台了，苏维埃的经济也一同垮塌，国营企业不再合时宜。斯韦托戈尔斯克的造纸厂未能适应竞争，面临着艰难的时刻。新当局决定将其私有化。几经波折，最终国际纸业公司在 1998 年买下了它：一家美国公司接手了一家曾经由挪威人建造、又从芬兰偷来的俄罗斯公司。很公平的是，新的东家将管理托付给了……芬兰人。

2000 年。

刚到时，国际纸业公司像是发现了另一个星球，那是“经济的中世纪”，他们的一个经理后来这么告诉我。他们的第一要务是，如何削减成本？削减一半的员工。然后要怎么尽快达成缺乏耐心的股东们期待的结果？呼气测酒精。

一个周一的早上，工人来上班时，意外地发现工厂要求他们朝一根小管子里吹气。大多数人的测试结果是阳性的，他们被警告，如果再次犯错就滚蛋。一周后，工作事故明显减少，但却少于工资开支减少的总额：因过失而被辞退的人数超过了两千人。

在进行这场大型的、双重的身体与卫生健康运动的同时，联合工厂的组织也进行了一些小小的改变。当一个工人看到另一个工人喝了过量的土豆酒时，会建议他记录考勤后立刻去角落睡一会儿。反过来也一样。

团结于是到此为止。

为了向经理先生证明我很了解生活，我把他带到一边，踮起脚尖（我再提醒下，他的身材超过普通人很多），在他耳边悄悄说：

“要达到这样的结果，我想国际纸业公司一定需要很多的支持：工会、市政府，尤其是，上面（莫斯科）……”

他笑了笑，点点头，把食指放在嘴唇上。

---

1 苏联正式解体、苏共垮台应在1991年。——编者注

“危险！”

晚上我从他的一个助理那里得知，在喝了点伏特加酒之后，两位前任经理因为想要将斯韦托戈尔斯克引上现代化之路而付出了生命的代价（遭毒杀）。从那以后，明智而又现实的国际纸业公司开始自我保护。俄罗斯政府依然占有公司资产的50%，普京家族的亲戚还是管理委员会的一员。

2005 年。

国际纸业公司，就像所有大公司一样，把自己看作是一个独立的世界。虽然有些傲慢，但并不奇怪，他们的管理层将一个有远见的经理决定的一次策略转移命名为“大爆炸”。

你会听到这群勇敢的人声音中带着颤抖，说出下面这样的话：“‘大爆炸’后的那年开始”或是“自从‘大爆炸’以后，竞争就不复存在了”。

我对自己的无知感到羞耻，于是问道：“那这个‘大爆炸’是什么？”

我该把嘲讽收起来的。

2005 年，那个有远见的经理认为：

（1）一家公司，就算再庞大，也不能什么都做；

（2）在纸上读报看杂志已经是过去的事了；

（3）西欧已经衰落，而且又已经有太多工厂了；

他因而决定投身未来。

不要将纸和数字化对立起来，而是要察觉它们的联系，并从中获利。换句话说，让我们集中精力投入在摄像用纸和打印电邮用纸上。

与其为一个东西的危机和另一个东西的衰落哭泣，不如在增长点上赌一把，也就是指包装。

与其在一个古老的国家昏昏欲睡，不如出发去发展中国家大冒险一场。

并且，放弃所有其他的。

应该说，时至今日，国际纸业公司依然遵守着它的承诺。公司一直不停地创造着可观的利润。

2011 年 1 月 21 日。

结束了漫长的行程，我们回到暖气四溢的行政大楼。经理先生脱下他的鹿皮大衣，显得有些忧虑。梅德韦杰夫和普京希望俄罗斯以最快的速度加入世界贸易组织。他们的决定是出于博大的雄心：加速国家发展，也就是要吸引大量外资，而外资不喜欢腐败，不喜欢诈骗，不喜欢政治上的不确定因素，不喜欢不完备的基础建设，尤其不喜欢封闭的国境。外国投资者想要一块开放竞争的土地。

现在，15% 的进口税用于保护当地工业，假如不经过渡就忽然取消，会发生什么呢？

不用太过担心斯韦托戈尔斯克。国际纸业公司腰杆子硬，并且已经朝着竞争迈进。但其竞争者似乎太平凡、太脆弱了？

巨人的眼睛上会蒙上水汽，几乎都不是因为寒冷，而这次是因为同情。

就是在这样充满人情味的氛围中，我离开了工厂，又一次穿过充满苏维埃式忧伤的城市：灰白色小楼的群落，刚造好就被毁坏，充满了隐喻。春天来时，它们能抵抗屋顶上掉落的冰凌吗？

他们让我放心，因为工资越来越高，造纸厂提供的服务也越来越多（医院、能源、供暖），斯韦托戈尔斯克是一块繁荣的土地。这个好消息还是让人禁不住担忧这个伟大而又神圣的俄罗斯的其他因素。

后来很长一段时间，到达圣彼得堡时，我才晓得俄罗斯有多广大。我们在旅店里看的一张地图，比例尺当然没有错，我们刚开过的四个小时车程，在地图上几乎看不出来。很长，到这国家另一端的路还很长，另一端的楚科奇半岛，我计划尽快去造访。

※

“今晚，”我们那位戴着贝雷帽的司机、原先在造纸厂工作的尼古拉对我说，“我推荐你一个饭店，看起来很普通，却有美味的格鲁吉亚菜肴。女人们喜欢两两前往，在那里谈论她们的爱情。我帮你们翻译。”

怎么抵得住诱惑？

我们走在涅夫斯基大街上，朝着方尖碑前进。我们穿过科林西亚酒店的大堂，左转进入一条和涅夫斯基大街平行的路，小步在冰上谨慎地走了一百米。就像说好了一样，一家格鲁吉亚人在等着我们。

尼古拉说得真没错。在一个角落里，两个女孩互相坦露着秘密。很可惜她们旁边的桌子全都没空着。虽然尼古拉不喝酒（“我的妻子让我保证”），我还是让他说了实话。

在 1989 年以前斯韦托戈尔斯克联合工厂时期，情况貌似很好。

“你可以比较一下，”我对他说，“管理工厂的方法……”

他笑了笑。

“苏联人下命令，他们是独裁者。然后，让我想想，瑞典人来了。我们讨论了很多，但到最后，我们都不知道我们做了什么决定。我就是从那时起开始怀疑民主的。”

在那个角落里，两个女孩中的一个哭了。只要能听到她的故事，我愿意付出一切代价。我需要很大的力量才能回过神来继续询问管理方法的比较问题。

“那芬兰人呢？”

“跟他们在一起，我们讨论，然后做决定。有一天，一个朋友告诉我：‘我在德国工作，情况也一样。芬兰人就是北方的德国人。’这概括了一切。”

“那美国人呢？”

回答脱口而出，不需要思考。

“就和苏联人一样，独裁。他们什么都知道，我们只要执行。”

他耸了耸肩。

“其实，他们不懂。他们做过研究，但他们不了解工厂。”

“所以呢？”

“所以，为了避免灾难，我常常装作不理解他们的要求。我也自嘲，我已经快退休了。”

“那最年轻的工人们呢？”

“他们想要保住工作，所以就装作不知道美国人不懂。”

我找到了这个女孩们会互诉忧伤爱情的饭店的地址：

猫咖啡

斯特雅纳亚路 22 号

电话：(812) 5713377

来自寒冷地方的纸（二）

奥斯塔华尔和耶夫勒（瑞典）

“现在，去瑞典！”

一想到要回自己的第二故乡，皮埃尔·勒隆的双眼就绽放出喜悦的光芒。可以说，瑞典给了他许多，首先是他美丽的妻子卡兰：他们共同生活了六十年。

很快起了大雾。E14公路穿过的这片景色像极了《日瓦戈医生》里奥玛·沙里夫和朱莉·克里斯蒂共同生活了几个月的地方。你还记得他们在茫茫大雪中的冰屋吗？

司机的灵魂和我的一样充满浪漫，尽管他提到的是别的电影。

经过瓦斯特罗村庄的时候，他用低沉的声音告诉我，英格丽·褒曼的第一任丈夫是在这里度过童年的。我尽量不随意讽刺（瓦斯特罗，这名字真是注定要失败！）。

我们沉默了许久，或许是幻想着美丽的女人，或许是想到了不幸的爱情中的甜蜜。

他真是个好司机，虽然路上结着厚厚的冰层，他还是不乐意让我们留在路上，他觉得环境也很重要。

为了让我不再继续同情英格丽可怜的前夫，他又给我讲起了各种八卦，还有瑞典的现实，因而也是森林的现实。

“你没注意到钟楼的奇怪样子吗？真的没有？再看看。我们把它建造在偏僻的地方，你知道为什么吗？为的是不用在每次教堂着火后都重建钟楼。因为教堂经常失火，和其他的房屋一样。噢，木头一点优势都没有！”

“如果你去散步，当心湖。积雪下面的湖容易被忽视，冰层有时候很薄。但像今天这种零下二十八度的天气，你不会有什么危险！”

“你知道最近发生的那件事吗？不，当然不会知道，你才刚来我们这里。好吧，接待我们的锯木厂的老板，他差点……都是因为他的习惯造成的。我最好还是从头开始讲吧。这位老板很爱运动，爱慢跑，每天早上都跑十公里。上周，他绕小道的时候遇到了什么？一头熊，应该说是一头母熊和它的小熊。没有比这更危险的了。他拔腿就跑，别说是我告诉你的。但母熊紧追不放，它似乎越靠越近，后来它忽然停了下来，或许是想起了它的孩子。这老板逃过了一劫，不赖吧？”

谢谢司机先生！并没有人托他照顾我。他却若无其事地提醒我，森林里的生活并不安逸。这很快就会得到证实。

奥斯塔华尔。

几座彩色的房子散落在大片空旷的雪白之中，无疑，这里是冬天里无数看不见的湖泊中的一个。

还有锯木厂。

又有一位高大的先生在办公室门口等着我们。在这广袤的北国，我尽遇到巨人了。真是，寒冷减慢了树木的生长，却对人的生长有利。而且又是一个和长纤维有关的谜团。这位“巨人”头上没戴帽子，头发也很短，他看起来似乎并不在乎温度，但从汽车上的表盘来看，现在已经零下三十度了。

“他就是逃离熊爪的那人？”

我的司机点点头。

我想起了我的孩子。每次回去，我都不知道他们是不是真的还对我有兴趣，我给他们讲我旅行中的重要时刻，少不了添油加醋。这个故事会让他们高兴：“你知道你们的爸爸是从哪里来的吗？爸爸来的地方太野蛮了，常常有人差点要被吃掉……”我伸出了手，却被紧紧掐住。

也许母熊只是比较小心？它只是避免与一个手爪尺寸和它差不多的人起冲突。

我享用完了咖啡，随后来到黑板前听课：锯木工这个职业，分四部分来讲。

首先，介绍三种树：云杉、松树，还有我们这里比较少见的桦树。

“为什么只有三种？”

“因为寒冷虽然令树木的纤维变长，却对多样性有害。”

“印度尼西亚有多少种树？”

“哦，一百多种！”

接下来我认识了股东。

“我们合作社有一万三千个成员，每人都有一块或大或小的林地。算在一起，我们一共拥有超过九十万亩林地，而锯木厂是合作社的附属工厂。作为森林的主人，这一万三千人想要尽量贵的把土地卖给我，而作为锯木厂的老板，我想要尽量便宜买进。”

我深表同情。

“还有更糟的。当订单激增，我就需要木材。但林地主人则想要把木材存下来，期望下次涨价。而倒过来也很难，如果需求减少，我买入就少，这一万三千人就会很生气。”

我很惊讶：我还以为森林中的生活很简单。

停下再喝杯咖啡。我们这间会议室的墙壁是玻璃的，我看到每个研究者都面对着一台电脑。我感觉不到其中有多少快乐。

这个逃离熊掌的老板马上就会证实我这个印象，他要通过商业数据来谈最后这部分。他的开头很有力。

“你们知道宜家吧？瑞典的标志之一，他们从不在我们自己国家买任何一块木板。”

我很吃惊，但随即我就感到气愤：

“这里，在瑞典的中心，就和世界其他地方一样，这算优胜者专制吗？”

“啊，对！选择更便宜的！我们无法和东欧竞争。更别提和亚洲了。”

“但亚洲缺少树木！”

“他们就卖剩下那些。”

我更理解为什么玻璃另一边的人都一脸忧心忡忡的样子了，不过逃离熊掌的这位还没讲完他的困难。

“我想，你们一定很支持阿拉伯国家的民主革命？那好，想想我们的第一个客户是……埃及。自从革命以来，我们一点儿订单都没有！我们的库存堆积，我们停了不止一条生产线。好了，我们继续参观吧。”

他开朗的一面又占了上风。两个小时里，我参观了云杉和松树的生产线。从拖着两辆拖车（六十吨）的卡车到来，直到捆扎，中间还要经过计算圆面积，并让电脑立刻计算出最高效的切割方案。我学习了一些跟森林有关的词汇：树干是圆的，锯木机需要方形的木材以切割成木板，圆的面积要大于它所包含的方形，这之间的差就叫作“背料”。给电锯下指令后，木板或木梁就会出来，并继续运往质量检验部门（通过摄像头检验）。

假如工程师们不用被迫负责销售，他们的生活该有多美好！老板给我们解释了已经实现的进展、可行的改进、未来的投资之后，开始精神抖擞起来了。该要返回地面了，在打开最后一扇门的时候，他的身影再度暗淡下来。一辆装卸车伸出它的两个铁臂，接住经过检定认证的木板。另一辆装卸车早就等在后面。

我还在为我的粗暴感到懊悔。但唯一让情况缓和的是，我对这过程的逻辑深感兴趣，还有这不可改变却又如此迅速的生产链。

“现在，木料又要去哪里？”

“现在？要等埃及的需要了。”

逃过一劫的老板给我指了指远处的库房，虽然很大，但也已经填满。

就在这里，在距离瑞典中心几公里的地方，在寒冬与树木之间，也就是在一个人迹罕至的地方，在一个与世隔绝到让人以为可以逃离一切危险的地方，直到晚上，我们都谈论着阿拉伯世界可能会发生的演变，及其对奥斯塔华尔的锯木厂造成的直接影响。

我确信，真正野蛮之处不在我们以为的这个地方，森林中的生活最暴力的一面既不是来自于母熊——即便是带着小熊的母熊，也不是来自于寒冬中隐藏的湖泊。

※

科斯纳斯公司像一位老妇人，生活在港口城市耶夫勒，位于斯德哥尔摩以北两百公里。她的诞生可以追溯到1855年。如果我们只看其雇员数量（两千人），她可算不上一家“大型”企业，“中型”公司可能更适合。她的客人都会被她请到家里用餐，并睡在她的一栋豪华的中产阶级房子里，就在一座山谷下。另一栋用作管理总部的房子也是家传的，木门上画着图案，地板也是用的很大的薄板，墙上挂着祖先的画像，其中大多怀里都抱着狗，或者是从事航海，因为背景中可以看到帆船。

这印象并没错。现在掌管科斯纳斯的还有三个家族，通过一个叫金纳威克的基金运作（斯德哥尔摩，赫普斯博恩街 18 号，邮编：SE-10313）。

这三个家族都感到满意。尽管面临经济危机，科斯纳斯今年依然盈利，依然超越他们在其他如视听娱乐、金融等领域的投资。

我有幸得到科斯纳斯的尊重，因为，在我的小说《殖民博览会》中，我用它作为例子，来解释长纤维在生产耐久纸张中的重要性。

在法国，假如我们看到这样高大又活跃的总裁，一定会觉得他是打橄榄球的。他天生自然的那种快乐一定会让他在第三节比赛中如鱼得水。技术主管一头金发，很帅但有些忧郁，眼睛总是闭着，沉思着漂白纸浆的某种新方法，抑或是对回收黑色液体方式进行某种改进的可行性。

森林部门的主管（两百人听令于他）感觉像是大学的值班。

四个小时里，我都在听一场告白。最有智慧、最准确、最理性，同时也是最热情的爱的告白，一场对他们效忠的公司的告白。科斯纳斯，我们爱你。科斯纳斯，你又美丽，又成功，不过我们还要竭尽所能，让你变得更美，取得更辉煌的成就。

其中一个人讲话时，另两位很有信心地频繁点头。

金纳威克基金的三个家族可以高枕无忧了，他们为自己获利的机器找到了很好的管理团队。显而易见的是，这三个“爱人”形成了一个三人集团，没有什么能够破坏。

然后，一个阴影出现在他们热烈讨论的话题中，这个阴影令人担心，挥之不去，令人感动，又有些幼稚。他们想要驱赶这个阴影，它却总是阴魂不散。而当他们发现我也注意到了这个阴影时，他们让我保证不去谈论它。

科斯纳斯的主要业务是造纸，各种各样的纸，用来包装我们买到的一切产品：液体的或固体的，新鲜的或长期的，工业用品、食品或药品……

直到这次访问前，我必须承认，我对包装毫无敬意。和大家一样，我在两种态度间摇摆不定：要么忽视了内容物，要么因为它的华而不实或繁杂而恼火。唯一重要的难道不是它里面装的东西吗？

我到三河市参观后，感觉大开眼界。而经过进一步深入了解，我终于意识到这一行业的重要性和难度。

别误会，大多数包装，在我们毫不知情的情况下，都运用了高科技，因为它们要解决诸多的矛盾，例如，如何同时保证牢固和轻便，如何做到既柔韧又刚硬，还有其最主要的功能：阻隔细菌、气味、光线……

最后一项要求：表面要容易印刷字母、图像、色彩。我们中有谁会买个光秃秃的产品？

童年从未远去。科斯纳斯的三位经理很令人感动。

“除了专业人士，还有谁理解我们？”

也许是学生。他们努力学习，把好成绩带回家，但家长们却满不在乎，忙着其他的事情。

总裁为我解释现在的情况。

他们的主要客户是另一家瑞典公司——“利乐包装”，它的规模要大得多。

科斯纳斯正是为他们制造的包装提供用纸。无人不知“利乐包装”出众的品质，他们的知识、技术进步以及永远的创造力都是无与伦比的。唯一不幸的是，“利乐包装”不希望科斯纳斯的名字出现，永远不要。“利乐包装”想要全部的荣耀。

于是我想到要说下面这些话，我想这会让我永远受科斯纳斯的爱戴。

“我理解你们感到不公。但像我这样的大众只知道尊尼获加、法国电信……我们忽视科斯纳斯的同时也一样忽视‘利乐包装’！这就是品牌战争的硬道理。下游的品牌、最终消费者会遇到的品牌，都想要垄断光彩。他们认为任何不起眼的分享都会减损他们的荣光，他们可能错了，知道源头也会成为一种价值。”

我保证，在我的书中，这两家公司会得到同样的对待，以表达我对这个美好的包装行业的敬意。

为了让我的插话显得更加完美，我又把一个隐蔽的角色带上了舞台。

“那森林呢？瑞典的森林呢？你们不觉得它也应该得到一些注意吗？我没搞错的话，你们的纸都是从树木来的，对吧？”

“啊，这个嘛！我们确实爱它，尊重它，尊重我们的森林！该你了，乌诺。告诉我们的法国朋友，我们都为它做了什么。”

太优秀的学生的作业是很无聊的，科斯纳斯的就很完美。从土壤的制备，到最终切割，九十年后，他们对一切都很精通，保护重要的物种和地区，从不过量捕杀野生动物，所有产业，即便是私人的，都向散步的人开放，依据的是一项古老的权利——“漫步自由权”……

对砍伐林地感到愤怒的人，二十四小时都可以拨打电话，电话里会有温和的声音尽力为他们提供农林学方面的解释，尤其是百年老树，每年只能砍伐1%，以保证总数不会减少；此外，在可持续的养护和发展观念出现之前很长一段时间，把枯死的树木堆积起来烧掉，也会产生同样的结果；对于被开垦森林的管理，其中半数已经让最严格的FSC[1]标签认证系统感到满意，而且这个比例还在逐年增加；树干运往工厂越来越多地使用污染较少的交通方式，如火车或船；如果你看一下曲线图，你会发现，除了有一年（2004年真可耻）外，森林增长速度都超过其被砍伐的速度；最后，对于每个居民而言，芬兰人均有四百一十四立方米森林，瑞典是三百五十一立方米，而法国和德国是四十五立方米……

在乌诺陈述的时候，两个同事一直不停地点头赞同。

当他们结束歌颂森林时，乌尔夫接过了话，乌尔夫是工程师，害羞又寡言。

他的脸上闪耀着骄傲的表情。他告诉我，多亏回收燃烧后的废料，他的工厂几乎可以为整个耶夫勒市提供所需的暖气。“你们也能证明，我们这里确实需要供暖！”

克里斯特和乌诺几乎要鼓掌叫好。来吧，让我们忘掉对幽灵的怀念，忘掉包装业的杰出成就未能被大众认可的遗憾！工作，家族，包装。尊重自然，关心长远利益和后代，团结社会：在最好的世界里，一切都会变得更好。

我本想再嘲讽一下，但这只是不想过度赞美。皮埃尔·勒隆说得对：瑞典万岁！

1 森林管理委员会（Forest Stewardship Council）是一个非政府组织，其管理方式独创：三个团体（经济、社会、环境）拥有同样比重的发言权。南半球的国家有50%的发言权。森林管理委员会签发环保认证标签，保证木制品是在确保森林可持续管理的前提下生产的；生产商必须遵守十项守则；签发之前的调查要对照五十六项标准验证。

孢子的寓意

朗德森林（法国）

经过这些旅程，我无法再继续逃避现实。

该是时候让纸站上法庭，面对两项犯罪指控：

——谋杀森林罪（用森林里的树木制造我的书）；

——破坏环境罪（大家都认为，没有比造纸更污染环境的工业了）。

在去波尔多的火车上，我坐立不安。我计算了下，光是印刷我的小说《殖民博览会》（还是关于橡胶树的故事）四十万册，就需要二百八十吨纸[1]。那么我谋杀了多少树木呢?

我这买卖真糟糕。

※

让-皮埃尔·莱昂纳尔和拉封丹的相似处在于他们都是河湖森林管理局的一员。已经八十多岁的他还在负责测量沙质的土地，以便为相关政府部门和私人公司提供建议。他给我上了关于朗德的第一课。

最初，也就是18世纪末之前，朗德只是一片荒野，寸草不生。这片土地时而潮湿，

1 400000×0.7公斤=280000公斤。

变成一片沼泽，时而太干，曝晒在烈日下。这里只生发热病，也只养得活绵羊，看守它们的牧羊人都踩着高跷。[1]

这片荒漠在1800年前后开始苏醒。人们很早就知道，这一地区的某些地方富含铁矿。为什么不认真开发呢？建造锻铁工厂，就会大量消耗木炭。那就来种树吧，选好品种。松树似乎是最合适的，而且它身上还藏着宝。法语中表示“宝石”的那个词（gemme），同时也指“松脂”。切开松树的皮，采集里面流出的汁液，就是在采脂。采脂很快成为真正的财富来源，但也带来了最早的冲突。

牧羊人的土地变成了松树林，他们可不答应；绵羊来啃采松脂人们的植物，他们也不答应；为了采脂，禁止砍伐松树烧炭，冶金工人们同样不答应……

于是便有了1857年的立法，这是政治意志的一次完美展示：

第4684号令：关于清理和规范加斯科涅的朗德的律法。

1857年6月19日立。

拿破仑，借以上帝的恩惠，并根据全国的意愿，作为法兰西人民的皇帝，向现今和未来，致敬。已经批准并公布如下：

律　法

立法团记录摘要。

立法团采纳立法计划，内容如下：

第一条，在朗德省和吉伦特省，目前用于放牧的市镇土地将进行清理，播种并培育树木，费用由其所属市镇承担。

第二条，若遇到市镇不能或不愿进行此项工程的，费用将由国家承担，并算作借贷，包括本金和利息，从砍伐和开发所得产品中得到偿还。

来看看报告起草人写的：

1 在法语中，朗德的地名原意是荒野。——译者注

[……]确实，通常来说，建造森林就等于孤身作战，但对于种植松树而言，并非如此，开发利用松林需要持续不断的人力……三十万亩海岸松会产生大约五千座新农场，也就相当于三十万人口。

[……]这正是我们能想到的最合理的殖民体制，可以让朗德有一天真正实现农业化。

伴随拿破仑三世的美好意愿，此地的现实与其地名开始分离开来。朗德继续被人称作荒野[1]，却摇身一变成了森林。

在法国近期两次遭受巨大暴风雨袭击时，我身为一个优秀的航行者，被陆地上居住的人们嘲讽："看吧，那些人发现风可能会刮得很猛。"

我不知道遭受破坏的地区范围。朗德还未包扎好 1999 年的伤口，2009 年 1 月 24 日，就在几个小时里，克劳斯飓风就摧毁了它四分之一的树林。

此时，第三场风暴又接踵而至：小囊虫。这些昆虫们先享用完被风吹倒的树木。然后，它们便又去袭击其他的……还有谁会把购入一片森林当作"最佳投资"？

为什么有些林地抵抗住了侵袭，而另一些只留下东倒西歪的树干？一根根巨大的木棒被腐朽和昆虫入侵后，显得既忧伤又黯淡。

莱昂纳尔教授给了我一个很简答的回答：水。

"这里，看，水流出地面，填满沟渠，但已经两周没有下雨了。松树不需要到很远的地方找水源，它们的根就长在表面，轻轻一吹就倒。远处那些，土地比较干燥。根要长得更深，风吹得再猛，树还是屹立不倒。在海岸边，风最为猛烈，损失却最小，因为要找到淡水，根必须深入地下超过十五米。"

当我在思考这个自然的寓言时（努力越多，损害越小），让-皮埃尔·莱昂纳尔没有停下他的地理课。我们开始谈论问题的核心——使用中的矛盾现实。

"你看见那一大片空地了吗？"

我还以为那是一片湖泊，表面在冬日的阳光下泛着光。

---

1 在法语中，朗德的地名原义指荒野。——译者注

“那是一片暖房，在巨大的塑料覆盖下，生长的是……你不猜一下吗？”

我投降。

从他的舌底，让-皮埃尔像是要吐痰一般地说：

“胡……萝卜。”

从他的声音里，听得出无限的鄙夷。高贵、优雅的松树，怎么能和这种平庸的红色块茎相提并论？还别说，边上就种着玉米。显然，这世界真是恶习难改，俗不可耐。

还有一些变化也在威胁着朗德。在这里，80% 的森林是私有的，且占据私人财产中的大部分：这些家族会出售林地，好让月末业绩显得好些，他们也会在需要的时候出让林地，比如当作嫁妆……这是弗朗索瓦·莫里亚克的世界。如果国家森林办决定介入此中获利，那么这一公共领域中极不平等的竞争将有可能扰乱旧有的平衡，并改变造纸厂的供给机制。

别忘了矛盾激增的另外两个原因，两者都是因为同一因素（环保）：用可再生能源替代石油。

为了在这里安装光电伏特板，部分公司将土地以每亩超过两千五百欧元的年租租给农民，这大约是土地价格的三倍。不需要生产任何东西，不需要种植树木，只要拥有一块空地（要砍光树木），然后收取租金。

如果地主想要继续造林，他也可以将松树碾成粉末，卖给发电厂，发电厂则会将松树转化成“负责的”能源。

罗贝尔·达弗扎克来到我们中间，他负责为我现在要参观的造纸厂提供原料。他承认，自己的职业已经变得不简单了，而在未来的几年中极有可能变得更加复杂。在 19 世纪中叶，大量使用木材使得造纸工业脱离了布料。但现在轮到木材成为短缺的原材料了。

“你见过伐木工吗？”

这个达弗扎克把我想得有多无知？我的眼神让他惊愕。他笑了笑。

“他们的职业已经起了变化，你知道吧！”

于是我又一次走进森林。

※

阿基坦的狍子有种企业家的精神。如果你不相信我说的，那就带上你的眼睛和耳朵，去朗德森林里走走。当机械在砍伐、运输、清除树桩的时候，狍子们一直都保持镇定。它们走过来张望，似乎很感兴趣。它们甚至像是在点头，仿佛是在关心人类的工作，又仿佛是对经济发展充满热情，它们表现得很和谐。

但只要休息的时刻一到，发动机一停，周围一下子安静下来，这些动物立刻就消失得无影无踪。

有些事让我觉得，狍子，至少朗德的狍子，是最后一批捍卫三十五小时工作制的动物。

费尔南·雅拉成为伐木工并非偶然。在很小的时候，他就有一种真正的使命感。十四岁生日的时候，他提出要求，并且得到了一件生日礼物……一把电锯。

此后，他的技术备受肯定。他成了同行中的大师，善于利用现代工具。

那天早上，他带我参观了他最近的伴侣——一台约翰迪尔 1470，六轮的庞然大物，既是拖拉机，又像坦克，还有一根长长的机械臂，上面有许多齿刺。

“你想试一试吗？”

为什么拒绝呢?

我爬进距离地面三米的车厢，面对着按钮和屏幕立刻就傻了眼。我写过关于“空客 A380”的文章。在操作的复杂程度，屏幕及机载电脑的数量方面，这台 1470 完全不必自叹弗如。

于是，费尔南开始了演示。

他简单用食指按了一下，四个钢制机械臂就抓住了一根树干。再按一下，锯就启动了，树应声倒下。刚落在地上，另一把锯就将它切成薄片。

我羡慕不已。费尔南很谦虚，但我能感觉到他的骄傲：伐木工这个职业和城里人想的可大不相同了。

过了一会儿，我的惊讶中混入了担忧。看着这些离我那么近的树，不可能不担心会不会有一棵弄伤我。我坐在有机玻璃顶下面，忽然感到有些不那么安全。

费尔南向我坦承了其中的危险：

“有时候碰巧，松树会旋转倒下，但很少见。这是手感问题。”

三个小时里，我靠在我的伐木工身边，我们处理完了一百一十九棵松树。也就是说，我们的机器驶过后，这些树木横卧在长满欧石楠的土壤上，根据树木的质量切割并整齐排列，等待着被装车运往细木工厂，处理成精细的木片，再运往造纸厂进行最后的处理。因为有互联网，目标企业早就已经知道自己将收到的货物吨位。

从高处下来，我轻轻地抚摸了约翰迪尔这个大家伙绿色的侧面，然后问了下它的价格。

“四十五万欧元，”他回答我，“可我的驾驶舱还是不能旋转。”

※

朗德的森林占地大约一百万亩，却并“不自由”，它们都不是播种收获的，也不是物种竞争下的优胜者。它们不是“大自然”的孩子，而是人类意志的产物。它们是培养出来的，就像玉米或是小麦一样，不过海岸松的生长周期更长，大约要半个世纪。

海岸松种植后每隔十年，都要进行一次“清理”，直到最后砍伐，清理土地，开始新的一轮。过去几十年里，暴风雨不断，威力也越来越大，这会迫使整个周期缩短。小树木更不容易遭受风的影响。

精选品种，加之改善管理，可以提高产量：过去二十年，每年每亩产十立方米树木，如今已超过十六立方米。我对这漂亮的结果感到羡慕（法兰西万岁！），但还是把这羡慕留到去巴西的时候吧，那里的数字才令人眩目：同样品种的树木产量超过二十五立方米（桉树则可多达七十立方米！）。

最大部分也是最好的树木被一些锯木工厂拿去。这些工厂曾经数不胜数，如今却连年萎缩，接连倒闭或遭合并。

在法国，余下的那些倒可以满足造纸厂的需求。

锯木厂的肥料本来应该烧掉。

而二等、三等的木头没有别人要：扭曲的、腐坏的树木，树枝，树冠，“背料”。

工厂得来的树木 20% 来自锯木厂，80% 则直接来自森林，每天由九十辆卡车运送而来：清理砍伐或研磨产生的短圆木有其他用途。

那天早上，我知道了这些数字，离开司墨飞公司的办公室后，我想起了玛格丽特·尤瑟纳尔，弗朗索瓦·密特朗邀请她到爱丽舍宫时，我来到现场，寻找机会和她交谈。她喜欢美食，长得有佛相，不过是一个眼光敏锐又犀利的佛。

有一天，总统批评她：

“你不能写这句有悖事实的关于树木的谎言，朗德的森林不是书籍的敌人！”

她应该缴械的。密特朗曾住在朗德的拉舍，他太了解情况了。

而我对第一项指控也松了口气：作家不是森林的杀手！

※

我询问去工厂的路，有人向我保证：就算是瞎子，也不会迷路，因为可以根据气味找到。不过最后白费了我开得那么慢，还把窗开着，我什么都没闻到。或许是纸之神明想要给我一个惊喜。风从海边吹来，我沿着度假村前行，后面就藏着阿尔卡雄盆地。

终于，眼前出现了一片高耸的烟囱，还有一栋既高大又神秘的塔楼。

“就是那里。”我自言自语，仿佛是一个认识很久的、一直通信的老朋友，终于“真的”见到了。

可以说，我和法克蒂工厂打交道已久，而且是以最坏的方式开始的：一场诉讼。

我刚进最高行政法院，就有一份档案等着我。我担任行政法官的起步，就是要调查“松树纤维素”（当时是圣戈班的子公司，如今隶属于司墨飞）对环境的破坏。

可能是从小时候起，也许是因为一个蒸汽机仿真模型的魔力，我对工厂充满热情。接连几天，我一直带着头盔，详细地弄清楚流程和工序，如何将原材料转化为有用的东西。

而我对那些建筑工程师也满怀羡慕，比如伊莎贝尔·奥蒂西耶的父亲，他们那种特殊的才华，他们构思并建造的设施，在我看来，都像是和《创世记》相连的一般。

你们极其可能无法分享我的这种热情，那我就简单说一下法克蒂工厂的工作内容（年产五十五万吨纸箱）。

这些原木由源源不断的卡车从森林运来，然后被刨成碎木屑。

通过履带滚动到那个神秘高塔的最顶端，这些可怜的木屑将在那里遭遇悲惨的命运：从塔的高处往下，它们将忍受各种折磨、烘烤、搅拌、化学药剂浸泡……

变成水浆。

经过一连串流程，液体的木浆会变成干燥的纸箱板，然后再继续。最后，经过一把斧子，自动切割成卷轴，由另外的卡车运往包装生产厂。

工厂有两台机器，各长一百五十米，每组七名工人轮班监督。这机器来自意大利，然后又加上德国、芬兰或加拿大的部件进行现代化，这样的组装已经是全球化的结果了。

你们不会了解，亲爱的读者们，我给你们介绍这样的科技杰作时用那么偷懒的方法，自己有多难受。这些杰作凝聚了智慧，尤其包含了新发明：没有了创造性，还算什么工程师？

但我还是理智下来，考虑到我还有其他不可思议的东西要跟你们讲。

请允许我再简单跟你们解释整套设备的自主能源。

为了烘烤木材，随后干燥木浆，工厂首先需要蒸汽。这些完全都是由生物量[1]供给的发电厂提供的（这是达尔凯公司的创造发明，这家法国公司由法国电力集团占股 40%，威立雅环境集团占股 60%）。

这座发电厂的锅炉每年要容纳：

——二十二万吨树皮和锯屑；

——二十二万吨被风吹倒的树木（暴风雨不幸的产物），随后紧接着是树桩；

——以及六十万吨废料。

而电力并非完全自给自足，经理尚帕尔诺先生直言不讳地告诉我。

从他的笑容里，我猜测这并非是真的谦虚。这很快得到了证实：90% 的电力是由内部产生的。也是多亏了回收利用：处理树木流出的黑色废水被送往锅炉，产生的蒸汽再用以驱动涡轮机……

我像个孩子面对巨大的玩具般啧啧称奇，但该是时候露出我的真实性格了。这一个小时对我来说真是痛苦。我不能总是只看事情好的一面，这样的倾向是不正常的，我要与其对抗。

---

1 生物量（biomass），生态学术语，是指某一时刻内实存生活的有机物质（包括生物体内所存食物的重量）总量。——编者注

我用最严肃的语气问：

“那么，先生，您的工厂也一直在破坏大自然吗？”

经理指给我看草地上成群的活蹦乱跳的兔子，虽然这对种植的天竺葵并不好。

“如果我们有害，您觉得它们还会这么成群结队过来吗？我来给您谈谈我的观点。一家造纸工厂要对环境造成两次伤害。首先，为了生产纸浆，我们需要大量的水。因而我们也就不得不建造在河流边：我们旁边的河叫作拉卡诺河，水从莱尔河流来，最后灌入阿尔卡雄盆地。我到这里三十五年了，我们每天要从河里提取六万吨水源。要多谢科技进步，我们将这一数字减少到了两万吨，这些水使用后，自然还要流回到我们亲爱的拉卡诺河中。”

“这水不会和提取前一样了，我想。你们一定严重地污染了水源。”

“有两类废料我们无法避免。一类是处理木料产生的纤维残留物，在这方面，我们也同样取得了进步，将废弃物减少到五分之一，多亏你看到的那边那个倾析池。剩下最有害的是：有机材料，尤其是前面提到的黑色液体。简单说，它会消耗水里的氧气，其他影响我想你的生态学者朋友们都会告诉你。必须承认，没有他们，我们也不会取得如此的进步。”

我还要去见一个反对者。我虽然乐观，但并不缺少诚实，我选择了敌意最强的人。

※

瓦尔夫。

这个词听起来像是狗吠——汪。

但瓦尔夫这个词来自英语，意思是指“码头”。

而瓦尔夫如今是电视节目的主角。四十年来，企业家及房产开发者和阿尔卡雄盆地的捍卫者们都在这里交锋！

没有比这一大片不太深的水更脆弱的了，虽然这水连向大海，但却要经过一条狭长的关口。其结果便是，潮汐也无法很好地让其再生，水中充满了各种污染。年复一年，已经很高的河床越来越大，越来越高。

皮埃尔·达旺是海洋生物学的研究者、教师，尤其是环节虫方面的专家，其中一种环节虫还是以他的名字命名的。这种虫生活在沙中，是一种“寡毛环节虫”。皮埃尔·达旺是在委内瑞拉东部的海滩上发现这种虫的，那里距离奥里诺科河口不远。

对于爱好大自然的人来说，这家法克蒂工厂历来都是敌人。因而，皮埃尔·达旺首先要对抗的就是这家工厂。在一些大学教员、工会成员和政府代表的帮助下，他从 1969 年开始就成立了一个组织，叫作“西南自然研究、保护与治理协会”。这一协会很快加入了法国自然环境协会，和其他两千多个团体一样怀抱各种担忧。

除了抗争，他同时还建立了自然保护区。或许，在鸟类的语言中，它们也赞美着他的名字。他为鸟类建立了多个庇护所，让它们能够生活，保护它们免受人类的侵扰。

在阿尔卡雄地区，琵拉沙丘和阿尔金海滩同样著名。琵拉沙丘是盆地入口处的一长条沙滩岛，随着风和水流而若隐若现，涨潮时大部分都淹没在水底。

在海水没有淹没的那一小块高处，固定的沙丘中生长着一种特有的小植被：沙丘野麦，它不会死亡。

春天，海鸟来到这里筑巢。

据说，有一天，一对白嘴端燕鸥警告来散步的皮埃尔：“如果你不让参观更为有序，我们就会飞走，再也不回来。如果没有了我们的粪便，你觉得在这满是盐分的沙中还能长出任何植物吗？”

燕鸥是对的。船只靠岸时，人们习惯在此野餐；卖生蚝的人在这里搭起几公里长的铁架；狗到处奔跑嬉戏，四处寻找猎物，比如小鸟或鸟蛋。

情况紧迫，需要制订规则，好让每个人都各司其位，互相尊重，在这个海洋而非陆地的天堂里和平共处。

于是皮埃尔·达旺和朋友一起，建立了自然保护区。四十年后，这里保护着四千多对鸟。

在这期间，“松树纤维素”公司转给了“司墨飞”，并且开始弃恶从善。就连其公认的对手都承认，它的排放量越来越少，对环境的危害也越来越小。其排放的污水通过一条巨大的环绕整个盆地的污水管流出，并且汇集了各种工业和城市生活废水。

于是该瓦尔夫登上舞台了。

对盆地来说是好消息，但对海洋来说却是坏消息！我该在这两个至爱之间做出选择吗？是纸，还是大海？我相信纸不会谋杀森林，但它会破坏大西洋吗？

1971 年，这条污水管开始投入使用，将比斯卡尔罗斯市直到沿岸海滩上的褐色污泥导入大西洋。

管道出口处的地名真是有预见性：拉萨利——“肮脏的地方”！

卖生蚝的商人和皮埃尔的协会激烈交锋，他们从政府处得到两个承诺：首先，建造一条通道，将污水管引向海外至少四公里；尤其是，在排放前最好处理过这些废水。

2011 年 3 月 20 日，周日，春分前一天，我来到瓦尔夫。皮埃尔・达旺教我如何爬过锁着的铁门，进入被禁止的区域。虽然已经七十六岁，他还是一样敏捷灵活。警戒委员会的两位知名成员（和斗士）陪着我们一起：勒内・卡波——比斯卡尔罗斯的战士，还有弗朗索瓦丝・布朗热——阿尔卡雄盆地生态团体的主席。

他们异口同声地诋毁可怜的瓦尔夫，但这里的浅蓝色还是让我很高兴。

“看！我们很快就要走到头了；还不到七百米，而不是说好的四千米。”

“因为地基是会移动的，负责建造的挪威公司无法延伸出更远的距离。”

“机械一直都在那里，就像鱼儿们喜欢的沉船一样！”

“而海滩，你看到了吗？不断在向海中延伸。很快，我们就会又回到从前：污水管会出现在沙滩上！”

“在光天化日下！”

现在还是一直能看到海，就在脚下十九米处。

有十几位渔民围着我们。他们像是瘾君子，或是酗酒的人。他们大多都穿着“作战服”：等待鱼上钩同样也是一场战斗。

我转过身。

海岸线真美，一条明亮的、连绵的曲线，在薄雾下若隐若现。

这一路上，灰色的沙丘像是移动的围墙。这颜色似乎是因为一种叫作“蜡菊”的植物，它虽然小而羞涩，但很勇敢。也有人说它是“不死的”，或者因其香气而称它为“沙丘里的番红花”。皮埃尔知道每种生命形式的拉丁名，也从来不忘说明它们能不能吃。

我不顾头晕目眩，弯下了身，可惜没有在排污管的出口附近看到任何疑点。一点褐色痕迹都没有，那儿和水呈现一样的灰色。

似乎到目前为止警戒委员会都对我很友好，但这好感忽然一下坍塌了。

“看来你并不了解。”

“他们只是换了净水助凝剂。”

“我们看不到污染的时候，才更糟糕！”

“依你们看，为什么他们要对我们隐瞒分析成分？”

皮埃尔·达旺沉默不语。我不知道为什么，他比其他朋友看起来少一些敌意。或许他在计算四十年斗争走过的路？

弗朗索瓦丝很了解他。为了唤醒他，她提到了阿尔金海滩。涨潮时，水流向北面。如果还有南方吹来的风支撑，瓦尔夫的废水会一直被吹到燕鸥栖息的岛屿……

目的达到了！皮埃尔找回了他的斗志。他承诺明天就写信给省长要求得到上述成分分析的报告……

“要留心选抽样的日子。最糟糕的是周一，因为他们周末会冲洗。”

在比斯卡尔罗斯海滩和市中心调查就像吃了一顿麦当劳快餐。警戒委员会未能摆脱宿敌“松树纤维素”。但至少，工厂也在努力。盆地还有其他的威胁需要担心。根据城市发展计划，未来二十年中，人口将要翻倍，还会出现成千上万的新摩托艇。

在这片已经人满为患的海岸上，要去哪里给他们找地方呢？还有无数船员的排泄物……而发动机越来越大……该怎么避免海水成为垃圾场呢？

于是，我私自确信：在如此持久的灾难中，我亲爱的纸如今只要为全球化的污染负很小部分的责任，而且越来越小。

“我快憋死了。来！”

弗朗索瓦丝站起身，开着她那辆白色205老爷车，带我离开了。

“我们去拉泰斯特的使用权森林。那里占地两千八百亩，我们千辛万苦才把树木分完类。”

根据保留至今的古老传统，真正的当地居民，也就是能证明自己在本地有超过十年的固定住房的人，有权从森林中获得木材。他们可以到森林里找建房或是造船需要的木料。这样的习俗可以追溯到1468年，当时的领主德比克首领将使用权交给领土上的人民（包括阿尔卡雄、拉泰斯特德比克、居让-梅斯特拉、费拉角、勒泰克的吕阿城堡）。

我跟在她后面，吃力地在这条沙石小路上保持着节奏。这片新世界让我很着迷。它一点儿都不像我所认识的那个井井有条的阿基坦：松树都有着同样的树龄，都笔直地、整齐地排列，树下的植被全部被清理干净。这里，是丛林。有些树已经很老了，其中很多都扭曲交错，像是巨大的蔓藤，像是无法穿过的荆棘，树干靠在地上，枯死的树枝散落一地。

“拉斯阔”一定会嘲笑我的大惊小怪。

“要是你那些开发森林的朋友们看到你这样！”

他们不会恨我，只是这一团混乱真是火灾的温床，他们这么告诉我。

“拉斯阔”。

皮埃尔·达旺就是这么亲热地称呼弗朗索瓦丝·布朗热的。在我们散步的过程中，我越来越理解这个称呼有多贴切。

这个女人了解和讲述森林的方式都像一个印第安女人[1]，还有点像个女巫医。

苔藓、地衣、蘑菇，当然还有树木，弗朗索瓦丝每一个都能叫上名来，每一个都能解释得头头是道，例如松树的最后三分之一会成圆形的现象。

“这是采脂造成的结果。为了取得树脂，我们过于严重地伤害了树皮，于是松树开始自行下沉，所以它们也被称作‘松树瓶’。”

时不时地，她会发出奇怪的狗叫声。她知道我听到她在现在这样的年纪还学狗叫会很奇怪，于是解释道，她是在通知一只狍子“朋友”。

1 “拉斯阔”原文La Squaw的意思即为“印第安女人”。——译者注

“那只不太喜欢我，我要让它平静下来。不然，我住在这儿的这段时间就要搞砸了。”

我得知，她习惯在森林的某处住下不动，大概两天。

“你从来不怕吗？”

作为回答，“拉斯阔”把手径直伸进套衫里，拿出一个皮包，上面跨着一把猎刀——一把真正的匕首。

“我妈妈把这连同第一副胸罩一起送我，我就藏在身上以防万一。现在，抱歉，我要处理我的树木了！”

在回去的路上，我们收集着树枝。“拉斯阔”打开她那辆205的后备箱，拿出一把斧头，用力地劈着木柴。她像是把我忘掉了。她应该觉得她关于真实森林的学习课程已经足够了。

垃圾桶的同谋

勒布朗-梅尼尔，新庭（法国）

很久以来，我一直都问自己：垃圾箱里的东西都去了哪里？小时候，我很想让清洁工把我一起带走，好知道他们要去什么神秘的目的地。每次，我的父亲都会抓住我。我甚至认为他曾为此去找过心理医生，我的坚持让他很担心。

如今，这么多年后，我终于如愿以偿。我现在就来到了巴黎北郊的勒布朗-梅尼尔。我是受船上认识的一位朋友的邀请而来，他叫让-吕克·珀蒂于格南，是帕普勒克公司的总裁。

我该怎么隐藏我的小心思？

我以为会看到一片脏乱堆积如山，老鼠四处乱窜的景象，巨大的炉子中的火焰让人联想到地狱。但我来到的却是一家工厂。他友善地安慰我，跟我解释，时代已经变了，至少在现代化国家，现在可是注重分类的工业化时代。在一个巨大的库房前，每辆翻斗车都会卸下三吨废品。

操作便开始了。

想象这是一张巨大的“赛鹅图”，除了图上的路在这里换成滚动履带，向前行进。

首先，我们剧烈摇晃履带，纸箱就会消失，被回收和储存。

随后，这堆废品会通过一个满是洞的铁栅栏，在这儿，垃圾又根据其大小进行了分离。

接下来要进行的是所谓的弹道考验：长金属片通过回弹将空的物体（瓶子、罐头）和平的物体（纸）分开。

履带继续踏上征程，通过一段电磁场，将铁制品分离出来。

现在，自动“探头眼”开始工作，两种光学分类仪分别根据形状颜色和光谱进行分类。

接着通过一段叫作“福柯”的电流，可以将铝分离出来。

到目前为止，还没有人为介入，但这些自动程序几乎没有不完美之处。

工作的最后，要精益求精。

履带，装载着剩下的垃圾，进入两间小室，里面的工人是这库房里唯一的工人，他们负责最后的分拣。

过去，比如十年前，所有的分类都由人工完成。

这条处理线可能是欧洲最现代化的，它每年能将五万吨废品分门别类，其中四分之三会获得新生命：

——钢运去北方进行再利用；

——铝运往瓦兹省接受类似处理；

——塑料水瓶运往利迈（伊夫林省），进行再生产，变成……新的水瓶；

——液体食物的包装被粉碎，可以回收其中的铝；

——至于用过的纸和纸箱也会被回购，然后成为新的纸和纸箱。

这些垃圾最后剩下的四分之一无法回收再利用，成为了真正的“废弃物”，其中主要是食材和器官组织原料。这些废弃物并不是没有用处。它们不是堆积在垃圾场，而是被运送到焚烧厂，焚烧产生的热量会被送往城里的暖气片。

我忽然想起了我的父亲。如果他还活着，我会对他说：“你看吧，我对垃圾的热情并不是那么疯狂。”

他会对我笑笑，然后像往常一样回答我：“你总能为你做的一切事情找到理由解释。——这，这也算是回收利用吧！”

※

地址：帕斯卡路3号。上A1公路，开往雅克-布雷尔中学。旁边的清真寺很小，每周五祈祷日的时候，信徒们都会把他们的毯子铺在司法官路的碎石道上。

每天，几十辆卡车都要在这里倾倒上千吨来源用途各异的纸：印刷厂的边料、超市的包装、办公室里的复印件……这些纸经过手工分拣，分成至少八十个类别：

——书；

——杂志；

——各种册子；

——精装册子；

——没卖出去的报纸；

——碎料，粘贴的册子；

——极浅色的碎料；

——镶边白木；

——纯白木；

——白色杂志；

——Ⅰ类白色编组物；

等等。

针对每个指定客户，都有对应的分类。这种分类太过多样，暂时还没有自动系统能成功进行自动分类。我们打赌，我们古老的纸中有如此繁多的家族，这样的分类行为还会持续很久。

在我身后，一个人点点头。

我不想伤害他，但他看起来确实已经不年轻了。他自我介绍道：

“我叫艾蒂安·马泰奥，是这一地区的商业主管。我想你一定很喜欢历史，你或许明白，商业已经改变了……”

他请我去餐厅，还没就坐，他就开始讲道：

“我和我的研究相处得并不和谐，我们都想尽快友好地分开，我可能算是‘有敌意’的类型。我从退伍后开始淘旧货，我的父亲有个小生意，他给了我第一个钩子，我至今还保存着，我应该拿给你看。这是我们唯一的工具，同时也能当武器，当有外人入侵我们的领地的时候！我们去博让西的奥尔良，首先是找老箱子、穿孔的卡片、清单。我们累死累活地将这些装上卡车，但没话说的，钱马上就回来了。至少，比那些在村子里靠兔子皮谋生的人要赚得多多了。我们甚至还去了圣旺市。”

他说起话来像米歇尔·奥迪亚尔。我发现了一个如此与众不同的世界：工作更辛苦，但更开放，更少受规则束缚，也更少受到竞争的阻碍。

“我们主要专注于像您一样的出版商、印刷厂。当时，他们集中在首都以东。我们收切纸机的碎料、废品、捣碎机的产物。啊，我喜欢的百科全书，在所有书中我最喜欢这个，意外收获！人啊，买的时候是想装阔气，但后来，百科全书占了太多空间，他们就想脱手。啊，《大不列颠百科全书》《环球百科全书》，它们多重啊！尤其是L字母的第三卷和第四卷！对此我的腰受的苦可是有记忆呢。我该玩一玩吊钩了，要把地下室的包搬上来。”

我听他讲了几个小时。他故事里的巴黎，是我小时候的巴黎，是杜瓦诺的巴黎，是特吕弗的巴黎，是《马克思与拾荒者》的巴黎……这些都过去没几年。真不需要多少时间，就足够让一个时代过去，然后被另一个时代取代。

餐厅已经空了。

“好了。怀旧啊，可当不了饭吃。我该走了。”

艾蒂安·马泰奥凑到我面前。

“我该向你承认。我们本来可以卖水给他们的，给造纸厂。”

“什么？”

“一旦装满，我们就往卡车上浇水。神不知鬼不觉。会流走一些水，但还是能让重量增加三分之一。这样，我们可以获利更多。我还是别都告诉你了，还没有相关法规应对。我们公司叫作‘再生者’，一个有深意的名字，对吧？”

“然后你们就该把自己卖了？”

“你是怎么猜到的？印刷厂一家接一家关门歇业，规模越来越集中，原材料也越来越难获取。而我们这些做回收的，趋势也相似：现代化，吊车，承压机，需要巨大的投资，不然就倒闭。完全没有小企业的容身之处，帕普勒克收购了我们。某天我离开了：我需要呼吸新鲜空气。然后珀蒂于格南请我回来，我答应了。”

“为什么？”

“他有想法。在退休前换个方向挺好。”

※

那个新库房是什么？大门坚实，又有那么多摄像头监控。里面开出来的卡车带我们上路，车的侧面清楚地写着：

机密处理

安全销毁您的文档

电话：0141472030

出示证明后，我们被放行进入。

这边是成山的支票，分为：银行支票、家政服务支票、餐饮支票。

那边另一片堆成山的是乐透彩票。

保管的有效期过了，是时候捣毁它们了。

我回想起自己或多或少怀抱着中奖的希望，买过这些像是解谜般的东西。我最后一次向它们问候时，仍然恋恋不舍。

它们被粉碎后，会变成一吨体积庞大的纸屑，运往造纸厂后做成纸浆，然后再重新做成纸，新的纸。

循环经济就是这样。

在深处，在厚厚的铁栅栏背后，成排成列的档案等待着销毁。它们被判了死罪，它们将被摧毁。我们禁不住想起美国的监狱，想起死囚。

※

在库房的一角，有一个货箱，里面装满了小圆柱。它们是由一种棕色的材料做的，像是压缩木料，乍看像是床脚。

猜猜：这是做什么用的？

我很快缴械放弃，我的导游笑着告诉我：

“这是碎屑。我们的废料剧烈晃动，向空气中释放出各种颗粒，对呼吸有害。

我们安装了大型吸尘器，它们会制造出‘床脚’，就像你说的。”

“这些碎屑，你们拿来做什么？”

“我们把它们烧掉，它们也为我们的能源生产做出了贡献。”

“我的直觉认为你们可以更好地利用它们的价值！”

同行的人都点点头，有些羞愧。

“您说得很有道理！”

虽然我已这把年纪，他们还是当场就想要聘用我。我问他们为何忽然如此热情。

“您显然很有回收的精神！”

他们怎么会猜到，自从我对墨西哥湾湾流进行研究以来，我的大脑思考方式一直是圆形的？它越来越接近大自然的图像，规则总是循环的，而非线性的。我能明白为什么让-吕克·珀蒂于格南那么爱大海，他唯一的梦想就是看着由让-皮埃尔·迪克掌舵的帕普勒克的船能赢得“旺代全球”环球航海赛。

※

大海教会人生存。

那些上了船的人，大海很快会提醒他们一些基本的现实，尤其是面对比自己更强大的力量时的谦卑。还有要顺应循环，这说的可不仅仅是潮汐和洋流。

对那些扬帆出海的水手们，它还教他们节省。风是任性的，谁知道要航行多久？我们想要前进时，也要轻轻松松的。

来听一听埃朗·马卡蒂尔怎么说，这个小个子的神奇女人赢得了 2002 年“朗姆之路”帆船赛，是我们这些业余航海者的偶像之一。

她碰到了弗朗西斯·茹瓦永，后者刚从她那里夺走了单人世界赛的纪录。

她参观了 IDEC 三体船，这和她自己的船很像。唯一的真正区别在于：弗朗西斯的船只用可燃物、风力和太阳能板作为能量来源，没有粗柴油。节省的重量：半吨。

从此，埃朗·马卡蒂尔就告别了赛船的世界。她建立了自己的基金，致力于经济的新发展，她并没有失去活力，而是更关心如何更好地利用我们的资源。

让-吕克·珀蒂于格南也说了同样的话：

“回收再利用是我们的未来！对那些耗尽资源才发现资源越来越少的人来说，这就是真正的回答。”

回收再利用不仅赋予已经使用过的原材料以新生命，还能节省能源。你们知不知道，把沙子变成玻璃，要比回收玻璃再利用多耗费十倍的能源？既然你们对纸感兴趣，那今年（2010年）是值得称赞的一年：第一次，全世界生产的一半纸来自旧的纸。这一比例在1960年时还不到10%。

我又想起了同时发生的其他变化，这些变化改变了我们星球上的生活。如今，超过一半的人生活在城市中，而超过一半的食用鱼来自人工养殖。

帕普勒克的老板继续他那激昂的辩解：

“19世纪的工业是建立在矿产上的。未来，矿产仍是大量消费的领域，因为我们正是从中回收最多的原料进行再利用。这不是一个轻巧的话题，这是我们星球上一场正在开始的工业革命！”

在饭店里，他那充满活力的笑容让周围的客人都不禁回头。

“你能理解，为什么像我这样的人对某些生态学家而言会成为一种威胁：因为我们找到了一种不需要再节俭的方式！我再说一遍：为什么要放弃增长的利益呢？”

唉，为了调查，也出于我对真理的热爱（虽然我是个写虚构文学的人），我不得不打断他的好心情：

“我们身为好市民，缴纳垃圾回收的税款。是由你们负责回收，很好，但你们分类完以后都卖给了谁？中国人。”

如我所料，让-吕克·珀蒂于格南大发雷霆。

我鼓足勇气，继续说：

“这么一来,你们从法国的工业者,尤其是造纸厂那里夺走了他们需要的原材料。”

他的辩护显然酝酿了很久，像暴风般朝我袭来：

“第一，你提到的税款是支付一项服务的酬劳。我们要是补贴法国的造纸厂，你们会愿意支付更高的费用回收垃圾吗？第二，我们提供的产品，是由市场决定的。为什么你说的这些法国的工业家就该在中国，或许还有德国、西班牙的造纸厂面前享有优先权呢？假如后面这两个国家发展出可观的产能，尤其是在最精细的食品回收包装领域，那这还是我的错吗？为什么我们在法国还一直需要援手和补助呢？第三，如果你听懂了，也就是如果你也相信回收的必要性，难道不应该让回收材料物有所值吗？也就是说，难道不应该让它们价格上涨吗？第四，我们身处一个法国擅长的优秀领域。我们的技术是世界上最好的！我们创造工作岗位，我们每天都在出口，在革新。当然，我们也可以回到旧时代，那时造纸厂还是领主们的产业……我们这些从事回收再利用的人，一直都在阶级的另一端，是阴暗的，是被轻视的，每天被迫战斗求生存……”

我忍不住笑了出来。让-吕克·珀蒂于格南带领着三千五百名员工，掌管着一家如日中天的企业，又有着橄榄球运动员的体型，他像是拉伯雷笔下的巨人，真是很难让人同情。

邮递员、分拣员、刮水器和牙膏管

每天，在法国，十万邮递员为我们送来两千六百万份信件（信、包裹、报纸、印刷广告）。

这些纸中的大部分最后都会被丢进垃圾桶，而且常常是和其他肮脏的、臭气熏天的同伴一起：变成生活垃圾。

为什么不委托（按最严格的词义）邮递员回收那些我们不再需要的信件呢?

每十份办公文件中有八份未得到回收，因为无法轻易收集。

邮局决定行动起来，推出了“瓦洛拉计划”。还有什么办事处和代理网络比邮局更密集地分布在各个地区?

邮局向中小企业及地区政府部门推出了一项专门收集办公文件的服务。

可怜的邮递员!

他们原先出发时背着重重的信件，递送完后便可以轻松地吹着口哨回来。

这样的轻松恐怕要结束了。

就为了“回收”这项大业。

※

环保包装公司坐落在巴黎的奥斯曼大道50号，夹在春天百货和老佛爷百货两座消费神殿中间。从它高层（七楼）的办公室里，可以直接看到国家歌剧院的背面，看到艺术家们的出口。

这家公司是个奇特的怪物：它是私有的，股东及合伙人都是企业的所有者。但它的使命却是关乎大众利益的，它建立公司的原则是“扩大生产者的责任”。简单地说，它的角色不只是销售者，它也关心产品售后的去向。环保包装公司成立于1992年，目的是帮助回收生活用品的包装。为了这一目标，公司对所有包装征收“捐税”。这笔收入（每年约为五亿至六亿欧元）主要分配给各地团体，用于帮助他们分类回收当地包装。他们就这样支付一项服务的酬劳。如果说分类回收纸张自古有之，其他类别的则是近来发展起来的，多亏了如此普及的行动。

我对为我介绍这些的人表示祝贺。这些工作听起来很好，既雄心勃勃，又脚踏实地。很久以来，我一直都隐约感觉到，公共部门不像公共服务那样具有垄断特质。

“但没有他们，我们就什么都完不成……”

拉佩尔里埃公司的总经理埃利克·布拉克停顿了片刻，让我有时间猜测一下是谁。

“……他们就是分拣员！”

他的两个助理，卡洛斯·德洛斯拉诺斯和索菲·沃尔夫点点头，仿佛是虔诚的信徒。

“对，向分拣员们致敬！这就像是‘市民消费者’一样。他完成一个免费的任务，这样，他就能加入我们的资助计划，因为企业把我们要求他们做的努力转嫁到商品成本中。但是，他们还是要分类。而当我们询问人们，在他们日常生活中，他们觉得什么举动在这星球上是最有用的？他们中93%的人回答是：分拣。‘您呢？您也分拣吗？’”

我有些羞愧地承认，我也为分类做过一些努力。为了避开他们严格的要求，我又重新问他们这样的措施是否有效。

“多亏了分拣员，我们投放到市场的四百七十万吨包装中有三百万吨得以回收：两百万吨玻璃、五十万吨厚纸、二十三万吨塑料，还有三十万吨金属。”

“但这些企业，也就是你们的合伙人，他们也以身作则吗？他们的一个决定可能会比你们分拣员的环保热情产生更深远的影响。”

这时候就该刮水器和牙膏管出场了。

我刚才问起过为什么这两样东西会出现在这张会议桌的正中间。

总经理为我展示了这位保护挡风玻璃的朋友的盒子，我认为它是塑料和厚纸做的。在盒子边上，我看到两个小标识，注明这个包装的两个部分应该分别扔进哪个垃圾桶。

“你还记得米歇尔-爱德华·勒克莱尔也曾决定在他的四十亿件产品上印上同样的建议吗？”此时，他直接拿起牙膏管，而没有拿外面的纸盒……

索菲·沃尔夫接过话题说了下去。

“你知道麦当劳每年卖多少汉堡吗？仅仅在法国，就有三亿七千万。20世纪90年代中期，他们决定用聚苯乙烯纸替代原来的小盒子。过不多久，他们又在纸袋底下放上横杆，以免重叠，一格放汉堡包，一格放薯条……”

“我能理解其中的节省，但这其中的回收部分呢？”

“和食物接触的纸不能和其他纸一同处理。出于卫生的考虑，它们的检验标准更严格。怎么办？将它们运过莱茵河，让那里的工业家们回收这类产品？这一过程中耗费的碳恐怕入不敷出……”

我同意。我想到了阿基坦的核桃的运输过程。有些生产者实在找不到更明智的方法，只能把开核桃的任务发往……白俄罗斯，那里的人工低廉，然后再运回国，送往“就在你身边”的市场。

索菲·沃尔夫跟我谈到“煮解器”。垃圾在没有氧气的情况下慢慢燃烧，腐烂会散发出气体，这种气体经过复合蒸汽锅炉，会产生热量和电力。剩下的残渣可以用作肥料。似乎卢瓦雷省种植黄瓜的农民们联合加入了一个计划……

我承认，我已经有一会儿没跟上谈话的思路了。

我高兴地看到分类回收在法国的现状不错，并且还在进步，于是便放松了警戒心。

我向他们致谢后，便告辞离去了。

在国家歌剧院后面，我好几次停下，看到一些舞者经过不是什么稀奇的事情。但这场表演让我很着迷，几位美丽的女士穿着皇后的服饰，全身仿佛婴儿般裹着暖和的厚实衣服。

埃利克是谁?

自从我踏入回收的世界,我不断听到有人重复我的名字,但这显然和我毫无关系。

“大概估计，我觉得这纸是‘埃利克 2 度’。”

或是“我们怎么就没办法把这降到‘埃利克 1 度’以下呢?”

某天，在我的偏执的驱使下，我终于鼓起勇气，向人询问这个看起来大家都非常重视的“埃利克”究竟是谁。我来到格勒诺布尔，造访了韦尔塔里斯纸业这家有胆识的企业，他们可以将各种印刷过的纸再生，造出完美的白色纸张。

总经理弗朗索瓦·韦西埃担任了我的向导，他嘲弄了我一番，但并没有太夸张:

“‘埃利克’是衡量回收纸在经过处理和洗涤后，残余墨迹量的指标。即‘有效残余油墨浓度’(Effective Residual Ink Concentration)的缩写。”

他还笑着补充道:

“也就是说，‘埃利克 0 度’就是全白的纸，我可不希望你变成这样。”

咖啡机的颂歌

格勒诺布尔（法国）

格勒诺布尔！

纤维素谷！

因为我对异国事物的兴趣，也因为我自己的国家绝无先知这条定律，我去往大西洋的另一边找寻关于纸的知识，结果却发现只要坐三小时火车就能获得。

“生态系统”，根据罗贝尔词典的解释，是“一个基本生态单位，由环境和生活在其中的动物、植物和细菌等有机体构成”。

大自然并不像生态系统那样受限定。在上一个定义中，将“生态”替换为“经济”，将“动物、植物和细菌等有机体”替换成“研究中心、大中小学、企业”，你就得到了“格勒诺布尔的经济系统”。

首先是环境，山上流下的活水为这里提供了充足的能源。人们来到这里定居，享受这一福利，其他生物也和谐共生。他们各自的角色都不相同，但都互相扶持，于是这个整体得以进步发展。

格勒诺布尔。

应该注意，地理和人际关系这两个因素都很重要。

经济学家们给这一现象起了一个引人联想的名字，但又是人们容易理解的：“咖啡机效应”。在过去数十年中，最流行的（如果要避开使用“现代化”这个词的话）就是网络。人们沉醉在互联网的初期发展中，认为每个人通过点击一下神奇的鼠标就全部联系在一起，不再需要真的面对面了。

这种联系当然仍旧存在，数字交流越来越广泛，从这个星球的一端到另一端，实现着最大的公共利益。

但如此占优势的虚拟力量还是会让人想起现实，而地理也就又从我们安葬它的墓穴中生龙活虎地跳了出来。

一系列研究表明，企业、研究中心和教学中心彼此物理距离上的临近，还有人与人之间真正的接触，这些因素产生的协同作用远远超过通过电子邮件形成的联系。

由硅产生的科技方面的突飞猛进很大程度上得益于有才华的人们汇聚在加利福尼亚州的同一个地方。

同样，格勒诺布尔也正在发展成一个新化学（绿色化学）的中心："纤维素谷"。

基础研究由国家科学研究中心的一个机构负责，即植物大分子研究中心。中心有四个实验室，研究碳水化合物、细胞壁的作用（非常复杂）、分子结构和聚合物，以及生物量的变化。

在这个链条的另一端，有一所级别很高的学校——帕戈拉国立综合理工学院，学校培养的工程师不仅是纸张方面的专家，而且精通绿色化学和生物材料。

在这个集合的中心——纸张科技中心设立了许多研究项目，以顺应工业提出的需求。他们要克服法国人最糟糕的三个毛病（傲慢、嫉妒、隔阂），联合所有有能力的机构，它们大多都来自本地区。

以下是三个正在进行的研究的实例。

智能包装

消费者对他们购买的商品越来越好奇，因而包装也应包含越来越多的信息。但是包装的表面空间却越来越有限，因为总是要尽量减少所用的包装纸的量，包装上写下的信息已经不够了。

为了满足这样的需要，他们在包装上印上条码，大多数移动电话都可以扫一扫读出数据。

完成了这第一步，就要更进一步，让包装"智能"起来，也就是让包装具有下面五个能力：感知、分析、记忆、交流和连接能源。

为此，就要结合电子学和化学，进而创造出实用的墨水。换句话说，我们要把电子“印刷”在包装上，例如，这些传感器会告诉我们冷链是否有中断，还有其他的传感器会在需要时告知我们有碰撞；一个显示数据的屏幕；一台用于通讯的微发报机；一节小电池，或是用于采集能量的天线……

包装不再是一个被动的容器，也不是一道沉默的屏障，而是一个会说话的代理。

以天鹅和鸭子为榜样

作为包装，老的纸箱再好不过了：又轻，又耐用，又可回收，又可生物降解……只有一个缺点：易受潮。

如何增强它的防护性呢？也就是如何增强它的不渗透性呢？

格勒诺布尔人仔细观察了天鹅和鸭子。是什么奇迹，或是什么大自然的造化让这些鸟类可以在水里待那么久，却一点都不会感到不舒服呢？

经过分析，似乎是因为它们的羽毛上覆盖着一层不吸水的蜡，成分包括酯、醇和脂肪酸。

如果可以将这层保护层嫁接到纸上，就不需要再羡慕水鸟了。我们便可以坐着纸箱沿着塞纳河或卢瓦尔河顺流而下，就和坐小船一样，完全不会损坏里面的物品。

中心联合了一家年轻的企业——BT^3科技公司，他们共同验证了实现梦想的可能。

剩下的任务就是推广大规模生产。

色彩工程[1]万岁！

轻柔度与可冲洗力

我并不想要批评我们的术语委员会。因为参加过他们讨论才知道，他们的任务有多艰巨，要给科技领域日新月异的英语新术语找到法语的对应词，这场追逐赛真

1 这个名字是工程师为这种全新的“表面处理方法”起的。

是让人筋疲力尽……

比如，如果知道动词“flush”的意思是“用水冲洗马桶”，那么“flushability”要对应什么词?

找不到更好的词，我们只能用“flushabilité ”凑合下。这个词是指厕纸一完成清洁的使命后，就顺从地离开马桶，进入下水管的能力。

四家卫生纸的生产者联合请求技术中心将这种纸定义为最“可冲洗的”纸。

中心于是特别成立了一个实验室，从早到晚，把各种不同的纸扔进三个特征（出水口直径、冲洗网的倾斜度）各异的马桶中，专家测量每种纸的路线。

暂且放下这个“可冲洗力”，来看一看另一个名字好听一些的概念，但它定义起来还是一样麻烦。什么是轻柔度?

这对制造者来说是关键。

因为大多数人喜欢被呵护，尤其是在这个敏感的部位，不会喜欢摩擦、刮破、刺激。

于是人们选择纸巾和卫生纸的时候，会选择与他们鼻子和臀部接触刺激小的、顺滑的纸。

中心便发起了对“善意”的号召。有九位女士和七位男士回应，年龄和社会身份各不相同。测试规定了明确的手势，以避免失真，并保证体验的严格程度。随后，志愿者被请入隔间，里面的灯光是绿色，以控制视觉的影响。测试开始。

很快，对卫生纸的轻柔程度的印象似乎可以概括为两种感觉：

——一种是表面的轻柔度：通过手指肚抚摸纸面来衡量；

——另一种是整体轻柔度：拿一张在手上，揉皱以后，可以感受它的柔软、顺滑程度。

这些印象，目前为止，都还是主观的，是依据不同的个人而变化的。

英国的经验证明，样品评估会受……足球比赛结果的影响。如果前一天本地球队输了，男人们就会更难感觉到柔软。

如何定义“可测量的轻柔度”以便进行大规模生产呢？还不能忘记纸应该有的另两个品质：好的吸水性，原因显而易见；全方位的柔韧性（为了保证产量和利润，宽四米的纸从机器中出来时的速度是每小时一百二十公里。

实验室接受了这一挑战。

可以轻松证明的是，之前区分开的两种轻柔度都源于所使用的纤维的质量，以及表面的处理工艺（绉缩加工）。

不应该使用人工检测，这样既不稳定又有偶然性；而且总是得在工序的最后安装传感器，应该尽可能在整个生产线上都安装，这样可以确认是否每一步都让纸保持轻柔。这么一来就搞定了。

实验室的主任给我看了他们最新发明的成果，他自信得就像是孩子给我们这帮可怜的无知的大人们解释一样。

事实证明，过去的不定性已经成了前科学时代的可怕回忆了。

如今，轻柔度已经缴械投降了。

不用再做什么神秘莫测的事情了，我们了解了其原动力。我们知道如何命令它开启，造福全人类。

“对的，”主任重复道，“我们将轻柔度客观化了。”

※

除了这些例子，他们还付出了许多努力，为绿色化学带来了全新的飞速发展。

造纸工厂是什么?

是一个精炼厂，它将生物量的三个主要成分分离：纤维素（树木重量的40%）、半纤维素和木质素。

最后那个成分，在烘烤提取纤维后，会变成黑色液体，长期以来都被用作碳氢燃料。它燃烧后可以产生蒸气。

不过还可以考虑其他的用途：它是一种潜在的优秀黏合剂。

其黏合力在隔板的生产方面作用非常大……

另一项计划研究的是树皮、树节和树干这些被造纸厂忽视的部分。他们从中发现了极为有趣的分子：这些分子能成功抵御细菌和真菌。

技术中心最新的一份报告还做了其他的展望：

如今，一辆汽车的车门装饰、引擎盖隔热材料、座位和布料中含有四十至五十公斤的木质纤维素。很快，越来越多的木材衍生品会被用于生产仪器板和后车门的组件，再经过纤维素的微纤维加固，增强其性能。这些新材料及其新属性具有可观的前景。[……]

大部分绿碳也会在自然环境中得以发展，将纤维棉作为隔离层。它是生物来源，可再生（从回收报纸而来），可以像矿棉一样保温。只需要将硼酸盐（让纤维棉不再腐烂，并能防火）替换为一种自然添加剂。

※

我来告诉你我的秘诀。

每次你感到灰心，每次你对这个老朽的法国失去信心，就来格勒诺布尔走走。

未来在这里等着你。

你也会重拾精神：我们在三河市面前也不必羞愧脸红，因为我们在绿碳方面可是取得了相当的进步。

向艺术家致敬（一）

楠泰尔（法国）

如果因为某些原因（我就不问你具体是什么了），你对打击犯罪有兴趣，那就坐上巴黎的地区快线 A 线，在楠泰尔警察局站下车。随便哪个路人都会告诉你怎么去丰塔诺三兄弟路，这条路纪念的三兄弟是抵抗运动时期的英雄，他们最后被纳粹枪毙（我想知道：我走到哪位兄弟这儿了）。

101 号的大楼没什么特别，除了门前有两位穿制服的保安，大门上还飘着一面蓝、白、红相间的旗帜。我们也可以注意到人来人往，这栋 101 号大楼和旁边的楼比起来，就这点特别：不停地有人进进出出。

我们的警探都喜欢走动。比较令人信服的争论是：假如你知道，负责你安全的警察从来不离开办公室，你还会觉得自己受到了保护吗？

我刚刚出示完证件，就有一位年轻美丽的女警官出现，她对我伸出手。

“特派员科琳娜·贝尔图！”

我要见的正是她，她负责的是惩治假币中心办公室。

我的研究让我不得不对违法手段追根究底，他们是怎么用不合格的纸造出足以乱真的假币的？

上楼时，我的人际关系圈也在扩大。每个走进电梯的同事，我这位新认识的特派员朋友都会为我介绍，也会贴在我耳边悄悄告诉我他们是哪个办公室的（麻醉、卖淫、经济犯罪……）。我激动得发抖，这座大楼真是一座宝藏。假如下辈子我成了一个英国小说家，像是阿加莎·克里斯蒂那种，或者菲丽丝·桃乐丝·詹姆斯那种，我一定会来这栋 101 号大楼汲取养分，这里有太多不道德的故事了。

但现在我还是先专注在我的主题上吧，我不会失望的。

在九楼，造假币很像是传承文化遗产。因为这种相似，永远想着教育人的政府便聪明地想要展现两件坏事的深层关系：都是艺术。

这位是让-路易·佩里耶长官，他是特派员的助手。文科毕业后，27 岁的他进了警察局。他研究的是法国的银行假币，以及整个欧洲的无争议的记忆。

我还能期待比他更好的向导吗？

他的办公室里堆满了垃圾袋。

“打开一个，”他对我说，“随便一个。”

我把手直接伸进一堆欧元中，全是一百元面值的，绿色，像苹果的颜色，还是澳洲青苹果那种。

“它们明天就要烧掉了。”

“你确定？多可惜啊！”

“哦，没有更好的下场了。你拿一张。”

于是我第一次知道了“摸、看、折”方法。

第一，摸。

长官是对的。我的手指刚轻轻碰到假币，就能感觉出这纸不如真的那样清脆。

第二，看。

让-路易·佩里耶一个接一个地教我怎么看隐藏的标记。

我们和一位严肃的专家一同玩了一场找茬的游戏。

至于“摸、看、折”里的“折”，是指把纸币倾斜弯折。这样才能让全息图显现，让闪光墨水展风采。

他轻蔑甚至是有些厌恶地把这张普通的 100 欧元扔进了垃圾袋，然后叹了口气。

“保查斯基的时代真的结束了。”

“什么？”

“你想看保查斯基吗？真的？”

我们丢下那堆垃圾袋，走出了办公室。在走廊里，让-路易·佩里耶走到一个锁着的玻璃橱前。他把锁打开，拿出一张像是史前的纸币，一张“波拿巴”，百元新法郎。

“这是他的杰作。”佩里耶轻轻地说。

他又小心翼翼地把这张杰作放回了玻璃橱中。

然后讲起了故事。

切斯洛·保查斯基，1912年11月15日出生于波兰，梦想成为工程师。他毕业于但泽综合理工学院（在现在的格但斯克）。但德国人的威胁促使他加入自己国家的军队，他很快升为军官。他在第二次世界大战初期就被俘，后来从匈牙利的战俘营中逃脱，来到法国。一有机会，他就立刻加入了波兰第一师。

战争结束后，他定居在塞尔河畔的维克（康塔尔省），并娶了妻子（法国人），重拾他的技术梦。他努力想要成为发明家，他发明了一种带嘴的瓶塞，似乎很有效，还有一种剃刀。

可惜这种模型生产起来很贵，没有人愿意买这项专利。

保查斯基于是决定将他的多才多艺用到另一个工业领域。

1950年，法兰西银行拉响了警钟：一千法郎的假币在流通，是1945版蓝底的。要注意，模仿几乎完美，像是出自艺术家之手。贝尔图特派员和佩里耶长官的前辈们开始追查，但毫无结果，所有的线索都通往死胡同。这种假币的创造者同时也很擅长流通他的作品。

当局紧张起来。1958年，一种新的假币开始流通，是五千法郎的，上面印着美丽的大地和海洋。四年后的杰作，就是印着波拿巴的百元新法郎。

1964年1月17日，警察来到了位于巴黎南郊蒙特热龙的切斯洛·保查斯基当时居住的小屋门前。一个俄罗斯人和一个波兰人举报了他。

他们进行了彻底的搜查。刚开始，他们就发现一个箱子，里面装着成堆的国库券，面值七千两百万新法郎。但作坊在哪里？保查斯基继续否认。“你们怎么会觉得一个人可以在一间这么小的房子里生产出那么多纸币，质量还那么好？你们应该去搜工厂！”

他们最终发现了一道暗门，还有设备。

在强逼下，他终于招认了。

他平静地、事无巨细地解释了整个过程。

他是如何在没有任何人帮助的情况下设计出机器的，如何买齐所有零件又不引起怀疑的。

如何不依靠任何人，用耐心发现的古老方法来自己制造纸。

如何在做出假币后，一连十五年都靠自己进行流通。他跑遍整个法国，但都只坐晚上的火车，为的是不用下榻宾馆，每次也只在一堆真钞中夹杂一张假币。

“你们会在这里，先生们，都是因为我误信，误信了朋友，误信了那两个白痴。那两个懒惰鬼！就是这样了。”

他那两个白痴共犯，那个俄罗斯人和那个波兰人，急着要钱，把全部假钞都存进邮局，还是巴黎的邮局！

保查斯基被判二十年。因为表现良好，他十三年后被释放。但他再次消失不见了，没有人知道他后来怎么样。

“如果他还能看到，”佩里耶总结道，“他应该很得意：最近一次拍卖中，一张像这样的‘波拿巴’被拍卖到了六千欧元。”

保查斯基的这段回忆让这位警官变得很忧伤。不是心理学家也能猜到他这种怀旧中的原委。无论如何，我都想要给他一些鼓励。

“我们都无能为力，长官。这是时代的选择，真正的艺术家已经没有地位了。”

我差点想拍拍他的肩，但我没敢这么做。最后我才想起来，我现在身在何处——101 号大楼，打击犯罪的总部。

他笑了笑，对我表示感谢。

“你说得太对了！你要是知道我们最近打击的一个团伙……太可笑了！他们自以为很强大，因为他们有电脑，但他们什么都写在纸上。埃利克·奥森纳，你这么关注纸太正确了。不管是水印，还是图案，还是发光部件，最大的不同还是纸。几卷纸质票券刚刚在南方被盗。你看，高质量的假币又回到我们中间了。好了，祝你过个愉快的下午。你要是经过那不勒斯，替我问好！”

我有些惊讶：

“为什么是那不勒斯，长官？”

“虽然东欧和一部分来自英国的竞争很激烈，但那不勒斯始终是假币制造的中心，简而言之，就是我们的文化首都。”

向艺术家致敬（二）

克雷沃克尔（法国）

工厂深藏不露，就连全球定位系统也无能为力。一会儿“前方左转弯”，一会儿“一百米后右转弯”，我们在瓦兹河环绕的小村庄间到处乱转。这里可是以科罗米尔斯干酪闻名的。

终于，在茹伊出口，我发现一个白色小箭头，上面写着我在找的地名：克雷沃克尔。

克雷沃克尔！这对一个生产印钞纸的地方来说真是一个奇怪的名字：它是想装成犹太教和基督教的道德伪君子，告诉我们钱买不到幸福吗？[1]

不管怎样，这间隐蔽的工厂就在这里，四周环绕着古老的树木，旁边流淌着迷人的大莫兰河。如此乡间田园的美景与环绕着蓝白色楼房的层层防护真是格格不入：高高的铁栅栏、数不清的倒钩、入口的闸室、警告牌，还有几乎无处不在的无数摄像头，就像猛禽一般，对你再微小的一举一动也不会放过。

我好奇地想要赶快进入这套神秘的设施里面。来到第一道围墙面前，这里的主管拉住了我的肩膀。

在带我进入这个圣地前，他想先带我去一个事业开始的地方。我们又坐上车，开到两公里外的乡村。在一条路的尽头，铁栅栏打开了。

1 克雷沃克尔在法语中的词义为“伤心”“心碎”。——译者注看得出这是家族产业：在一片花园中间，竖立着一座长长的房屋，四周覆盖满玫瑰。

这是办公用房吗？我开始羡慕起阿尔若维根斯纸业公司的管理人员。

“欢迎来到玛莱！在这里，我们从16世纪就开始造纸。随后，18世纪时，我们制造了指券，接着第一次制造了纸币。”

二楼有惊喜等着我。一条昏黄的走廊上，房间一间紧邻着一间，就像所有这一类的府邸一样，但这些房间是办公室，也是作坊。画家和雕塑家，这些真正的艺术家们和信息科学家们一同合作，艺术家们画出或是刻出各种不同的面容和图形，科学家们设法做出最难伪造的复制品。

我又想起了法布里亚诺，那个发明水印的意大利城市。水印又有了最新的发展，这个新的方法被命名为“皮克萨”（意思是“像素”，用以致敬最小的图像元素），成果显著。这些脸在神秘的光线环绕下，仿佛忽然出现了第三维：它们跃然纸上了。

参观完乡村和艺术品后，我们回到了工厂。寄存手机和身份证件，阅读规程、各种警告，其中包括：在出口处，我要和其他参观者一样接受随机检查。通过一扇电子安检门，然后是一扇旋转门。我从来没有对那么多摄像头（两百个）同时微笑过。

他们骄傲地告诉我，这个地方被评级为“限制级规章机构”“一级敏感点”，并且被欧洲中央银行“证实安全”。

阿尔若维根斯应该事先调查一下我的品行。你们应该理解，能被允许进入这样一座堡垒，我感到多骄傲，又感到多宽慰（我们是有罪的动物，谁敢给自己打包票？）。如此烦琐的警戒措施可能让你觉得古怪，但你知不知道克雷沃克尔的使命有多敏感？他们发明并制造的纸张，不仅用于制造银行发行的纸币，也用于各种有伪造风险的文件证明：护照、签证、毕业证书、餐饮支票……甚至音乐会门票。

换言之，克雷沃克尔和贝尔图特派员是联系在一起的。

陪我参观的工程师们抢着为我介绍他们的想法。

除了“皮克萨”水印，他们还在纸浆中嵌入了线。到目前为止，并没什么太新鲜的。但这些线可以不断延伸，直到有物体（如窗户）阻挡。有些会形成全息图，它们的颜色还会变化。有一些是荧光的，还有一些我们可以在其中加入条码。

“看这些带子！我们称之为‘胶卷’，因为它们和旧时的胶片有相同的性质。我们可以在这些胶卷上任意加入一个全息的维度；我们还可以加入一两条反射线，或是加入荧光。”

“来看！看这些闪光带，就像从上到下穿过你护照的那种。”

我走进远处的一间房间，走到一个玻璃橱窗前，关上灯。

在一张纸上，我可以看到纤维、光带、小图形、点……

“你懂了吧？这些都只有在紫外线下才能看到。”

我又想起了造假币的艺术家保查斯基，我多想和他一起参观克雷沃克尔。我想象着他目瞪口呆的样子，还有他面对如此精细的保护技术时沮丧的样子。

※

纸币会受损，尤其是小额的，因为它们从一只手传递到另一只手。于是我们要对它们进行（秘密的）处理，让它们能经受锻炼，这样它们才能更好地抵抗袭击：撕裂、翻倒的液体、细菌、真菌。

关于支票，我经历过这样的奇迹，甚至近乎魔法：只要一刮表面，颜色就会改变！噢！那些想把数字擦掉改成更大面额的人们该有多绝望。

你们能理解我此刻的怒火吗？有人谈到我亲爱的朋友纸时，总是对它的古老带着某种“现代的”蔑视：“啊，这陈旧的东西……”这些傻瓜真该去一下三河市、格勒诺布尔或克雷沃克尔，他们会对自己的轻视感到懊悔。历史上从来没有一样东西像纸一样，在其存在的两千两百年间，经历过如此多的改变、多样化，变得越来越丰富。

※

我的克雷沃克尔之行差点不能善始善终。还好，主管给探头出示了十次胸牌，让一扇扇（装有厚重铁甲的）门打开。于是我们来到瓦兹的“诺克斯堡”，这间房里堆放着一百五十家中央银行客户订购的纸币，等待被（高度安全地）运送出去。

“这堆是巴基斯坦的，过去点儿是乌克兰的，而那里那堆是玻利维亚的，那上面的水印是最成功的，拉丁美洲的历史人物都有钩状鬓角。”

我刚习惯性地拿出记事本和笔，就有五个保安走过来，同时还有四个摄像头发现了我。虽然主管反对，但他们还是检查了我的笔记。显然，他们认为这上面可能记录着盗窃的准备工作，而我写的东西也没法让保安们放心。

“你不会要告诉我，你能从这些乱写乱画中找到头绪吧？这是暗号？不管怎样，我们可有你的联络方式！”

于是我便离开了克雷沃克尔，心中充满仰慕，却被人怀疑。

扩大快乐的领地

新托里什（葡萄牙）

这座小城藏在高山脚下的凹陷处，比附近的城市都更白、更净。每周日弥撒的时候，它都会感谢上帝和法蒂玛圣母赐给它的礼物：纯净而慷慨的水源。新托里什因此才得以灌溉其田地，还拥有了自 17 世纪传下来的造纸传统。

对所有异教徒、所有无知的人、所有半信半疑的人，也就是葡萄牙以外的大多数人，我要提醒你，在花地玛，1917 年这一年中，耶稣的母亲圣母玛利亚在三个孩子面前显现了六次。

新托里什那么有魅力，居民那么友善好客，为人们准备如此的美食[1]，在这里住上几个月甚至几年，为他们写一篇深入的专题论文我都心甘情愿。唉，其他美丽的故事会等不及的，我得长话短说。

几经波折，六个家族在 1943 年买下了一家古老的造纸厂。这些家族让造纸厂起死回生，扭亏为盈。于是便有了现在的“雷诺瓦”公司。保禄 · 米格尔 · 佩雷拉 · 达西尔瓦爵士现在领导着这家公司，这个男人充满活力，个子不高。初见面，对一位总裁而言，他那头卷曲的长发让人感到惊奇，但很快我们就发现，这种“艺术”气质与他个人内心深处的自由相映生辉。他的办公室也证实了这一点。想象一下，一间大阁楼，混凝土地面，天花板上是可见的各种管道；几张粗木桌中间是一个拳击场，等着业余选手来发泄；他

1 我特别推荐鳕鱼阿索尔达汤（鳕鱼、鸡蛋、面包、欧芹……）。

们或许想要——哪怕只有一两分钟——回到童年，因而看到那四个秋千也就不出人意料了。这些东西很成功，保禄·米格尔还向我保证，跟香烟比起来，它们可对健康有好处。

墙上挂着巨幅的照片：半裸的年轻人美得令人痴迷，像是“天国八福”图。这些人似乎是巴西人，来自里约热内卢的贫民窟。摄影师是弗朗索瓦·鲁索。

在这图中间，这些彩色的纸卷是做什么的？

佩雷拉·达西尔瓦爵士笑了笑：

“你大概是忘了我的公司专业经营什么！”

他毫无预兆地就开始为我讲起他是如何冒出这个奇迹般的想法的。

“我想要了解拉斯维加斯。不管别人怎么看，我就是喜欢。乌有中的假货天堂！这两个字开启了一切。我再跟你重复一下，‘乌有，乌有……’厕所也是个乌有之处，而厕纸则是乌有之物。为什么不让它变得精彩呢？就像拉斯维加斯一样。而对厕纸来说，怎样才算是最精彩呢？我自己已经有了答案：黑色的卫生纸。要让别人惊讶，也要让自己惊讶，你不觉得吗？”

要怎么才能说他这话没道理呢？

黑色打开了一扇通往其他所有色彩的门。为什么不能用鲜红色，而只能用那种昏暗的淡玫瑰色？为什么不能用绿色？快乐应该遍地皆是，不对吗？即便是在厕所里，你不觉得吗？

“我和你想的一样。”

因为这同一种信念，因为相信要将快乐的领地扩展到所有地方，不再有禁忌，我和保禄·米格尔之间立刻产生了一段友谊，并且在这一天中变得越来越深厚。这位企业家像一口知识的井，井里的水既多样又可口。

巴黎的孔蒂路 23 号，这栋容纳了五大学院的楼里，顶楼还设置了一家格调很高的广播电台，我想都没有人听过。

我深感羞愧，但也无比开心，在葡萄牙，这位“卫生纸的国王”让我醒悟。在这个“学院频道”最近的几期节目中，保禄最喜欢的是让·康比耶教授的《我们的大脑如何看待时间？》，还有法兰西科学院的克里斯蒂安·迪马的《植物有自己的荷尔蒙》。

说到拉伯雷，保禄·米格尔把他当作自己公司的主保圣人。我们再次经过阁楼中间的拳击场时，他用夸张的语调朗诵着：

“后来，”高康大说，“我用头巾、枕头、拖鞋、猎袋、篮子擦屁股（可这些东西擦起来太难受了！），后来还用过帽子。要注意了，那么多帽子里面，有短毛的，有长毛的，有丝绒的，有绸子的。其中最好的是长毛的，因为它清洁排泄物最干净。后来，我擦屁股就用母鸡、公鸡、小鸡、牛皮、兔子、鸽子、鸬鹚、律师的公文包、风帽、头饰、红皮假鸟。”

秘书们都毫不惊讶。在雷诺瓦公司，大家都习惯了这个特别的老板。

但要怎么知道法蒂玛圣母对如此花哨的语言的想法？此外，她对雷诺瓦的战略走向，这种新的黑色厕纸，这个拉斯维加斯式的发明到底有什么真实的看法？

作为圣母，她或许也没那么一本正经？

但说到底，我敢保证，任何擦屁股的东西都比不上一只毛茸茸的小鹅，只要把它的头夹到两条腿中间。我以名誉担保，你的肛门会感到一种奇妙的快感，既能感受绒毛的柔软，又能感觉小鹅的温暖从大肠传到小肠，最后一路传到心脏和大脑。不要相信，极乐之地的英雄和半神半人的幸福来自于他们的百合花、美味珍馐、琼浆玉液，这就是帮人间的老太太们念叨的。在我看来，他们享受的就是用小鹅擦屁股。

保禄总结道：要想暂时抛开身为公司总裁的烦恼，不去想自己领导着六百多人，每天与不断升高的原材料物价、暴涨的能源价格以及分销过程中同时存在的各种残酷做斗争，就只有靠拉伯雷了。

※

回到现实中，我想谈一谈科幻。

在去雷诺瓦引以为傲的二号工厂的路上，我们遇到了穿着荧光黄背心、带着白色头盔的小生物。

为了节省成本，雷诺瓦雇佣了外星人吗？

询问得知，这些只是来实地学习回收精神的学生们，他们如今要学会不丢弃任何东西，将所有东西再利用，首先就是用过的旧纸（雷诺瓦一半的原材料来源）。

这个著名的工厂是机器人的王国，其中一个红灰色的机器人差点弄伤我。一个镜头朝我靠近，我并没有太当心，我以为驾驶员看到我会改变路线，保禄·米格尔及时救了我。这个怪物是由激光控制的，因而并没有把我当作障碍物：又一次证明了小说家有多脱离现实。

那些钟情于衰落期的、邪恶的、悲伤的生灵，比如狗牙根[1]，在欧洲迅速繁殖，它们笃定我们这个大陆是有罪的，已经无可挽回地被亚洲超越了。它们真应该到新托里什来！谁会猜到，在这座看似昏昏沉沉的小城中，一群最新型的机器人，只是远远地由工程师（大部分为女性）监控，就能以飞快的速度生产两千多种纸，为的是改善我们的卫生状况。

雷诺瓦及其员工的未来是否可谓一片光明呢？

保禄·米格尔像是笑得更开心，但我猜得到，这是他想要优雅地隐藏心中的焦虑。

“很多都依靠能源。我们用卡车运来各种便宜又量多的物品。葡萄牙距离各种物资地都很远。假如粗柴油的价格飞涨，我们削减生产成本的努力就白费了，我们的产品在销售网点的价格会太高。”

“然后呢？”

“我们就要离主要销售网点更近一些。”

“也就是说？”

“搬迁工厂。”

我又一次在这样的证据面前震惊：能源和空间，或好或坏的，是同一个现实的两个坡面。

我有些担心，保禄·米格尔是否还需要听“学院频道”很长一段时间。

我答应他，一回到巴黎就向寄居在孔蒂路 23 号顶楼的这个小电台里的朋友们问好。我知道他们很腼腆，他们似乎会嘲讽听众，这是文化节目的需要。但我相信，他们会感到骄傲，当他们知道自己为扩大快乐的领地做出了贡献。

---

1 狗牙根（chiendent），禾本科狗牙根属，是最具代表性的暖季型草坪草，广泛分布于欧洲、亚洲的热带及亚热带地区。——编者注

纸的地缘政治（二）

在我前往行程尾声的两个大国家——印度尼西亚和巴西之前，我想要列一张力量平衡表格。为此我收集了一些数据。

（1）全世界用于生产各种纸张的纸浆量每年都在增长，目前年产量约为四亿吨。

（2）用原始纤维（绝大部分来自树木，也有少数来自竹子和稻谷）生产的纸浆主要来源于两种生产技术：

——化学：木质素就是连接纤维的水泥。要将其溶解，将纤维释放出来，就要使用多种东西，其中就包括苏打；

——机械：为了将纤维分离，也使用机械力。

这种原始纤维生产的纸浆大部分用于制造纸张和纸箱，但喜欢棉花的我也高兴地得知，纸浆也用于制造……纺织品！

管他什么材料，只要有纤维！

（3）很多纸张生产者用的纸浆是他们自己生产的，但也有些公司只生产纸浆。他们将纸浆卖给世界各地的造纸厂。

主要的纸浆生产者
费布里亚（巴西） 纸浆年产量：550 万吨
艾普尔（印度尼西亚） 纸浆年产量：400 万吨
阿劳科（智利） 纸浆年产量：360 万吨
亚洲浆纸（印度尼西亚） 纸浆年产量：300 万吨
乔治亚太平洋（北美） 纸浆年产量：250 万吨

（4）在这个市场中，欧洲进口 800 万吨（消费额占 17%）。

（5）不同地区的相对竞争性取决于植物种类和气候环境。

——产量（每亩产多少立方米木材）从每亩十立方米（斯堪的纳维亚）到每亩六十立方米[1]（巴西）不等，西班牙和葡萄牙则为每亩十五立方米。

1 在巴伊亚的萨尔瓦多附近数百个种植林地，其产量甚至能达到每亩七十立方米。

伤　口

苏门答腊（印度尼西亚）

中途必经：新加坡，城市岛国。

每次来访都能感受到同样的力量：尽管领土不大，但也能在一个如此奔放的世界中感到内心的自制力。

周围环绕着马六甲海峡的海盗、印度尼西亚的活火山、随时可能爆发的海啸，还有骚动的穆斯林。

新加坡不断分析、反思、预测。

然后获利。

从一切之中。

每一次，为了平息我的这种热情，我都要提醒自己这份奇迹背后隐藏的阴暗面：一个独裁的政权，一群无情的警察，上百万外国工人拥挤在城郊，听任剥削，还有各种不出格的行径，就发生在这样一个始终充满活力的财政天堂中，罔顾“G20 峰会”的承诺。

有一刻，我感到愤怒。

但后来，慢慢地，面对这样的智慧、远见、不同目标的协同一致（简直令人目眩），还有他们采用的惊人方法，我真是羡慕不已。

举个例子？

水处理。

新加坡和其他很多国家一样，既缺水，又遭受洪水侵袭。

2007 年，当局为我解释了他们的庞大计划：在海湾入口处竖起一个巨大的堰坝，配有大量水泵。这样一来，雨水就会流入水库，而过量的部分会被排出（简化说明）。四年后，这一计划成为现实，并且成效显著。他们造了一座湖，周围是摩天大楼。

再举一个例子？

优秀的大学，以重金从全世界各地聘请教授，就像皇家马德里买球星一样。

这个小国家无法拓展空间，却在未来的时间中站稳了脚跟。

至于这样一个未来——大量工作、诸多禁忌、各种消费——是否诱人，那是另一个故事了。

只要坐一个小时飞机，你就进入了另一个世界。

印度尼西亚。

不再是一个岛屿，而是一万七千个。

不再是五百万居民，而是两亿五千万。

不再是单一群体（华人），而是有无数民族。

不再是有所克制的发展，而是高歌猛进。皆因这里人们的活力，以及发展所必需的人口数量。

这不再是一个可以忽视的国家：它有印度一半的经济量。

※

作为开场，我先在佩坎巴鲁短暂停留，这里是廖内省的首府。

因为附近发现了石油，这座城市开始飞速发展。楼房越建越高；汽车越来越多，开得却越来越慢，因为交通堵塞嘛；新贵们的孩子结婚时，举行的庆祝也越来越气派。某个周日，一个叫丽莉的女孩决定要与埃尔南多一起共度人生。墙上到处贴着他们两人的名字，装饰着各种色彩亮丽的图案，这一切都是用花做成的。

向这对年轻的新人表示过祝贺后，我决定去觐见一下世界最大的造纸工厂之一——英达纸业，它是亚洲浆纸业公司的子公司。

我的正式访问申请被拒绝了，我决定取道西亚克河。花了三百万印尼盾（二百六十欧元），我坐上了一艘六百马力的船。水是东南亚最仁慈的神。孩子们在里面洗澡，女人们在里面洗衣服，男人们捕鱼，一路上每个人都朝着我们挥手……至于树木，它们似乎在和水流对话。虽然我们的快艇速度很快，但时间却仿佛静止，这里没有四季，因为在赤道。雨不是刚下过，就是准备要落下。

天空中大大的云团告诉我，我们已经靠近了。这颜色和暴雨将临的天空色彩不同。

忽然，有大怪物。

远处出现了怪物，原来是冒着烟的工厂。紧接着，就是怪物的食物：堆积的树干，高得像个山丘。

沿着河，驳船还在卸下其他的树干，以免怪物不够吃。还有其他几堆，那里的箱子：那些容器里装满了纸浆（怪物生产的）。沿着浮桥，一列船只正排队等待着将它们运往全球各地。

我忘了，每隔两百米的瞭望台上都有守卫在看着我们。

我很想再走一程，再看一看整个工厂，好更了解这个庞然巨物，还有它那永不满足的对树木的食欲。

这个请求被船主严词拒绝了。虽然我完全不懂印尼语，但我还是可以理解，我的所作所为不仅是过火，简直是没头脑。我没有其他抗议申诉的方法，船主让我下船，我便上了一艘停满货车的渡船，车上装满了……树木（经过确认，是洋槐）。

我的脚刚落地，一个身穿黑衣的男人就走过来。保安。或许是有瞭望台通知了他，他提醒我，工厂沿岸禁止航行。

除非经过允许。

那我算是经过允许吗?

不。“你在这里什么都不能做。”

一辆回佩坎巴鲁的车捎了我一程。

我的印度尼西亚之旅开始了。

※

和所有游客一样，我有自己收藏的路线。

有些路线太美丽，甚至不想告诉任何人这个秘密。你也许听说过新墨西哥州的道师城，还有些比如法国的阿摩尔滨海省、意大利的皮恩扎附近、英格兰的湖区……

还有些路粘在那里不动，它们是交通堵塞的冠军，让我们只想着要如何才能逃离。我的纪录是：四个半小时，从市中心到金沙萨机场。

最多的路还是：杀手之路。

这个类别的路，竞争非常激烈。从开罗到亚历山大城的？从里约热内卢到桑托斯的？印度随便一条路？要把这象征危险的荣誉颁给谁呢？

唯一一条穿越苏门答腊南北的公路特别值得一提，所有的杀人机械都汇聚在那里。路上充满陷阱，时而平坦得让我们一往无前，时而坑坑洼洼得让我们掉入窟窿里。疯狂的卡车和理智的卡车交错，有些太过理智，开得太慢；骑着机车的年轻车队；出人意料的水牛；突如其来的暴风雨；弥漫的大雾。

在这阵死神不断从身边掠过的窸窣声中，唯一让人精神振作的，是难以置信的、几乎令人窒息的植物的力量。在这些疯狂生长的大片野草、树木、枝叶面前，我们渺小又可怜的人类算得了什么？

忽然，一直平坦的路开始向上升起。它或许是想到了什么。它一定是想要告诉我什么重要的事情，一个秘密，或是一件骄傲的事情，我一直被这连绵不断的房屋挡住了视线才没有看见。路上升到了一个小山口便平缓下来。从上面看下去，那视野让我无法呼吸，那一刻，我发现了苏门答腊的新主角：油棕榈。占据这大片平原的相似的树该有几百万棵呢？

任务完成，路又向下延伸。只是轻描淡写地经过，这条路就让我理解了，在植物的世界中，谁大权在握。其他植被在这里都往后缓。我又看了一眼，几十辆卡车恭敬得仿佛朝臣般运输着这岛上的珍宝，应该是棕榈树的果实，类似凤梨，同样凹凸不平，但更大，更圆，更偏棕色。

这一天还学到了其他事情：学会面对不平等。为了缓解一下旅途的疲劳，我决定暂时下车，去这片野生丛林中走一走，前面提到的棕榈树让这片森林得以奇迹般地保存下来。哎呀！我们也不能往前走很久。我们刚走上一条保养很好的路，就遇到了一个简易的野营地。一下子有二十多个人围住了我们，看起来很野蛮，手边就放着大刀。

我们转身就跑，沿原路折回。

“他们是谁？”刚脱离危险，我就问道。

“走私的，走私树木和动物。”

“离大路那么近？”

“只有在小国家才会有高效的警察。”

我们又驶上了无尽的公路。

村庄隔着城市交替出现。

然后夜幕降临，一场真正的俄罗斯轮盘玩命游戏开始了。

※

第一次超车是最难的，每次都觉得自己要死了。但当自己幸存下来后，我们就又开始高谈阔论，将自己的灵魂交给下一个想要承担的人。我们唯一的机会就是此刻，时间越来越晚，灵魂中的游荡者都去睡觉了。

汽车停下来时，我对到达任何地方早就已经不抱希望了。

我的导游，世界自然基金会的当地代表阿菲哈骄傲地宣布：

“林布圭亚那，砍伐森林的世界首都！”

在一家很新的肯德基店里，我们是唯一的客人，世界自然基金会的论证无懈可击。

在印度尼西亚每年生产的七百万吨纸浆中，86% 来自苏门答腊岛。

1988 年，自然森林占这座大岛屿表面积的 58%（两千五百万亩）。如今，这部分森林只占不到 29%（一千两百万亩）。

一个巨大的蝴蝶似乎贴在玻璃窗上听我们讲话。它一直在敲打自己的翅膀，以至于弄伤了右边的翅膀。

※

大拉图旅店没有什么特别的，除了它有一项值得载入吉尼斯世界纪录的：拥挤程度。在同一个地方，十五个房间能够产生最多、最不同、最剧烈的嘈杂声。除此以外，还要算上来自外面的分贝。这家旅店坐落在一个山坡的顶端，就在对面，散架的载重卡车改变了速度。

我把所有耳塞球都翻出来，这些可是旅行必不可少的伙伴，但还是徒劳无功。

四点时，当清真寺的穆安浸开始报祈祷时间，我感觉已经到了忍受的极限。

这样认识印尼伊斯兰教的特点真是糟糕，其实它大多数时候是很宁静的。

不像阿尔及利亚或是摩洛哥那样大声叫嚷，印尼的伊斯兰教召集祈祷的声音还是相当温柔的，并且充满同情，甚至有些对打扰别人的歉意。

我的邻居们仿效着，那些在行房事的，或是边笑边唾沫横飞、高谈阔论的，或是把音量调到最高看着电视剧的，全都一下子停了下来。就连卡车也忽然一下子变少了，大家都忽然一下子尊重起了本地人的耳朵。

我终于笑着进入了梦乡，忘却了我身处的这座可恨的城市。

天亮了，“砍伐森林的世界首都”就像我们所了解的美国大西部一样。这就像是亚洲现代版的美国远西地区，只是清真寺取代了教堂，机车取代了马匹，手机店取代了马蹄铁匠铺。

※

整齐漂亮的房屋面朝着美丽的花园。车库里停着一辆车，有时是两辆。十来岁的孩子们骑着小摩托放学回来。鹅群、成双的鸭子、拴在木桩上的山羊想要改善伙食……

随处可见的巨大抛物面天线都在告诉人们，这里有高质量的电视设备。

这些村庄的财富从何而来？这里的居民们从砍伐森林中获利了吗？我们的司机阿菲哈为我们揭示了富裕背后的秘密（三叶橡胶树）。

为了筹备小说，我在亚马孙待过几周，非常了解这些“哭泣的树木”，这些细长的灰色树干中流出的树脂被做成橡胶制品。

我在一些地方看到过这种植物，但我以为它们已经过时了，取而代之的是油棕榈。虽然它们在 19 世纪 70 年代末来到亚洲时，已经毁了马瑙斯和巴西的整个北部地区，但我还是很高兴看到它们让苏门答腊的人们过上安逸的生活，这里的人既慷慨又好客，既充满欢乐又勇敢坚强。

我们离开关丹海滩市已经一个小时了，与其说是开车，更像是在坐船。我们的四驱越野车俯冲、攀越、左右摇晃，像是和凶猛海浪搏斗的船只。虽然我很坚忍，但最后还是对这悲惨不堪的路况感到惊讶。

“运送砍下的树木的卡车走的是哪条路？不可能是这条路吧！”

或者说，你们就不知道一条比这舒坦点儿的路吗？

面对我毫不掩饰的责备，阿菲哈淡然地笑出了声。

“去问亚洲浆纸！一个月前开始，他们就禁止自己公司以外的人进入他们的领地。”

“我们可以偷偷去？”

“你还有别的方法吗？”

“要是我被抓了怎么办？”

这个世界自然基金会的代表看看我，眼神里带着嘲讽。

“就当是给你的书做了一次很好的广告，还不错吧？”

身为前任法官、一直严守法规的我，还是没能坚持很久，没能抵挡住孩子气的冲动。与此同时，我们的汽车也停了下来，一条河流挡住了我们的去路。

我仔细地准备着接下去的会面。我们不是每天都能遇到真正的坏人的，尤其是在我们这个时代，“漂绿”要求每个企业都仔细地把自己刷成绿色。

亚洲浆纸业公司。

金光集团的子公司，属于维查耶家族名下，该家族在印度尼西亚最富有的家族中排名第二或第三。

亚洲浆纸：在造纸行业中，他是全球最大的企业之一。从纸浆到卫生纸，各种产品的全球年产量达到一千五百万吨，销往六十五个国家。

亚洲浆纸：2000 年时，因为一些清偿方面的过错而从纽约和新加坡的股市中退出。近期又和美国司法部门有新的争议，被判向美国进出口银行支付一亿美元。

亚洲浆纸：在中国拥有一些工厂，但主要生产基地还是在印度尼西亚，在这座苏门答腊岛的中心区域——廖内省和占碑省。这里的动植物多样性在全世界首屈一指，大象、老虎、猩猩这些濒临灭绝的物种都在这里共同生活。

二十年里，“亚洲纸浆”滥伐树木。自 1984 年以来，他们将一百多万亩树林变成了纸浆。在这片开垦越来越广的地方，他们假装也在重新植树造林。按他们的说法，纸浆大部分出自新种的树木。“谎言”，印尼的环保战士们这样回应。他们在工厂入口处设卡，检查所有进入的车辆，很容易就能从混合热带硬木林中出产的混合木（断面呈红色，原木尺寸也不规则）中分辨桉树的树干和洋槐的树干（新种的树木）。

世界自然基金会最近的计算结果是：在亚洲浆纸工厂中捣碎的树干里，70% 来自自然森林。然而，亚洲浆纸还是经常做出承诺：今后他们将只使用 100% 的人造林树木。但这一约定一拖再拖：从 2004 年到 2007 年，再到 2009 年，现在推到了 2015 年。根据他们过去的作为，以及他们的产量，世界自然基金会认为，亚洲浆纸也不会遵守这个新的誓言。

亚洲浆纸为什么只伐不种呢？因为，虽然桉树和洋槐生长得很快（五到七年），但砍伐老树则完全不用等。

亚洲浆纸，和绝大多数竞争对手不同，是唯一一家持续否认滥伐森林是个问题的企业。

亚洲浆纸，因而也拒绝签署保护“高保护价值森林”的契约。

亚洲浆纸，始终都保持封闭，禁止一切公司以外的人进入他们的领地……亚洲浆纸，你有什么见不得人的事要隐瞒吗？

他们的领地就从那里开始，就在河对岸。有人走了过来，他们似乎是在等我们。世界自然基金会的这位代表为我准备了惊喜。他告诉我，这些村民一直在和亚洲浆纸斗争。我们握手，微笑，我还以为自己到了拉丁美洲。

他们中有一个人似乎特别有权威。我后来才知道原因，有些惊讶。他们这样介绍这个人：

“邦德里，他知道所有与土地有关的冲突。”

我记住了。

他们想要带我走。有人指了指他的机车后座，我来不及思考，机车就又开上了一座搭出来的桥：几块有些腐烂的木板摇摇晃晃，从中间的缝隙还能看到下面流淌的栗色的河水，我过会儿说不定就会掉下去。那样，我的间谍生涯就要在嘲讽中完结了。除非我淹死了，那样我就能进入为环保事业殉道者建造的圣殿。

但这样的荣誉轮不到我。我们没有掉下去，没有掉进这条河中，也没有掉进我们穿过的十几座同样的桥下泥泞的湖中。

我徒劳地祈祷他们好好看路，这条沙石小路上到处潜伏着危险的沟沟坎坎，司机还不停地回头看我。我对印尼语一无所知，发动机又不断爆发出噪声，我们的交流很有限，且危机四伏。每次我们经过一棵树，他就会稍加评论，赞赏之情溢于言表。看到三叶橡胶树竖起大拇指，“好”；看到最近新种下的桉树大拇指向下，“不好”；看到洋槐也一样，“不好”。做这动作的时候，真恐怖，他的右手放开了把手！而我不住地点头，附和着他的“好”和“不好”，表情中也尽力堆满坚定的信心。

此时，他放缓了速度，然后停了下来。我稍稍感到一丝轻松，但并没有持续太久。确实我还活着，但却像是唯一活着的。我的朋友们直挺挺地站着，一言不发，就这么看着。

他不是随便来到这里。他就是要独自来到这里，为他的战斗重新注入信心，或是流下眼泪。

在这山顶上，我们可以看到一切。

悲剧在延伸，冷酷地径直地发展到悲惨的结局。

第一幕，现在：恐怖，在我们脚下约三百亩的土地上，所有的植被都消失了，只剩下一片满目疮痍的红色土地，以及矗立着的惨白的木桩。在很远很远的地方，一棵树孤独地高耸入天空，像是一根毛，很下流。我看到了战场，如同在贵妇小径的战场上。我知道如何分辨出死神的存在。我仿佛又回到了那里。

在这片荒芜的山丘下，应该还有水在流淌。谋杀者们还留下了狭长的一条树林带，让人想起战斗之前的状态。或许那里的坡度太陡，开采、砍伐、运输树干不太容易……

第二幕，未来：在天边外，整齐地排列着绿色的小球，成千上万，都是油棕榈，别无二致，一个独裁者的梦想：将既多样又复杂的植物公司，变为整齐又相似的军队。

我想起了诗人维克多·谢阁兰的预言，弗朗索瓦·密特朗担任法国总统时，我为他起草演讲，并让他说过三次：“多样性在减少。这将是土地面临的巨大危险，我们要为此奋战，即使因此死去。”

在这个噩梦背后，那片在天边刺破雾霭的高地是布吉蒂加普鲁国家自然公园的范围。它们多少次抵挡住亚洲浆纸业公司的欲念?

我所在的这片区域，被划分为“走廊”，也就是说，这片保护区是供大型动物从一片森林去往另一片的，这是他们得以生存的唯一保障。他们告诉我一些客观的数字。在整座岛屿上，只剩下一百四十五头犀牛、两百五十只老虎。而我们的近亲猩猩（在印尼语中的意思是“人”或是“森林中的人”）的数量在二十年中减少了50%，现在剩下的不超过五千只。

村民们拿出望远镜。他们在监视三百米外两台黄色推土机的一举一动，它们的机械臂末端装着钳子。它们从地上抓起树干，每次可以抓十几根，然后放到某种类似雪橇的滑板上，等卡车来运走。

村民们越来越烦躁不安。

“藏好！不能让他们看到我们。”

我好笑地说：

“我们会有什么危险？”

“问邦德里。”

“这很严重？”

“坐七个月牢，你要是想知道……”

我难以平息看到如此蹂躏与愚蠢的行为后的愤懑：谁能让我相信，我们无法为一片千年的森林找到更好的价值，而只能将它们变为一堆生产卫生纸的纸浆?

此时，我的一个同伴仿佛听到了什么声音。他指着天空大喊：

“直升机！”

瞬间，我们跳上机车，开足马力，逃离前线。

离开这片领地时，我的朋友们走了另一条路，会经过一片三叶橡胶树林。

他们一直惦记着向我介绍，想要告诉我，在这些树下为什么生长着如此繁多的植物。

而在座位上颠簸的我，感觉这种昏暗的气氛和腐朽的气息，仿佛是回到了亚马孙。

这些骑着车的村民们怎么会料到我此刻的心情?

※

接下去的讨论，我无法全部复述。你只要知道，在这一区域，亚洲浆纸拥有一万九千亩林地，而当地村民希望其中保留三千亩供他们耕作。亚洲浆纸丝毫不肯退让，他们辩护说自己有政府的许可，而村民们虽然在这里住了几十年，却无法提供任何文件证明这是他们的地产。经常会遇到这样难以解决的对立情况，双方都具有合法的权利：一方来自法律，一方来自传统。“亚洲纸浆”增加了威胁的人力，吓跑那些死守着自己小片土地的人。村民们也相应地予以反击，他们会袭击推土机，放火烧木棚。

我终于知道了邦德里的故事。

就是在一次交火时，他被警察逮捕。警察总是站在亚洲浆纸一边。

一直沉默的邦德里终于开口了：

“或许你可以为我解释这件奇怪的事?我们的总理誓言要和国家的祸害、腐败作斗争。于是，时不时会有部长或是政府官员被问责，尤其是对领地征税的人，他们有些甚至被判入狱。但为什么从来没有任何领地被取消?为什么从来没有获益公司为此担忧?”

邦德里笑了笑。直到傍晚，他都听由他的同伴们激烈交谈，自己一言不发。只是我离开的时候，他补充了一句：

“我知道你是作家，该你说说了。我们不反对纸，但也应该尊重森林。我们还会继续战斗。”

我希望我在表达对他们热情款待的感谢的同时，也隐藏了我对于他们的斗争的疑虑。亲爱而又可怜的机车啊！怎么才能让他们拥有更多权力呢?

我听到发动机的声音，于是又跳上了车。节奏很慢，声音明显断断续续，让我想起了关于越南的电影。我想我又认出来了。我想装作内行，尤其是在邦德里面前。

“又是直升机！”

我将终生感谢这些村民们没有笑我。他们指给我看，在河岸上，在桥的上游，有一些小屋和一顶蓝色的帐篷。他们只对我说了两句话：

“发动机，是个泵。”

“那里那种，是用来寻金的。”

我又没忍住犯傻：

“不合法吧？”

我的朋友们还是看看别处。

※

第二天，我又受邀去了另两片领地。

因为正式的入口禁止通行，我们又只好“借用”（我真喜欢这个词，尤其是在这种悲惨的情况下！）一些似是而非的路。

第一片领地有五万亩，属于瓦纳穆克提维塞萨有限公司，到处都可以看到巨大的牌子上用白底蓝字骄傲地标示着。我要是他们，就不会这么炫耀。这些人砍伐森林的目的是要种植三叶橡胶树，他们对砍下的树的经济价值没有直接的兴趣。他们没有卖给造纸厂，那些树木被他们堆在地上挖的洞里烧掉。但火不一定能烧干净，这些被烧得焦黑的树干堆还会继续存在。

较远处的是莱斯塔里阿斯里查亚有限公司的领地，占地七万亩。

这片土地唯一执著的事情是：满足五十公里外的巨型工厂的日常需求。要喂饱这些工厂，就需要树木，更多的树木，无限的树木。于是便要滥伐森林，抛弃灵魂，一片土地紧接着一片土地。因为这些人的目的很明确，所以界限也很明确。我们可能就走在边界上。

右手边，什么都没有，只剩下红色，就像我昨晚看到的满目疮痍，十亩、二十亩或一百亩光秃秃的土地，我们刚刚扒了它的皮。

这片森林中曾经有动物生活。它们现在只能选择逃跑，以免推土机连同它们一起碾碎。世界自然基金会安装了红外线摄像头用以计算老虎的数量。一号土地曾经有十二只，现在全部消失了。

早在远古时代，这里就有人类生存。他们被称作奥朗兰巴（Orang Rimba），意思是“丛林中的人”。

这些人，他们也不得不撤退。和动物们一样，他们也逃跑了。日复一日，他们的领土越来越少。

今天，我们试图和这些族群中的一族接触，但是很难找到他们，因为他们一直在迁徙。从前，他们迁徙是为了找寻新的狩猎场所，如今，是为了避免被挖斗机的巨铲清走。一个年轻的奥朗兰巴为我带路。他在现实面前妥协，选择去城市生活。但他每周都回来，骑机车五个小时，带回些蛋糕，还有特别是……香烟。

他站在卡车的平台上，我找到了他，他正在找能表示自己的部落存在的证据。最后他给我看了一些要晒干的衣服：一条长裤，一件衬衫，一副小号胸罩。

只要沿着小路就能找到。一家人看着我们到来：三个女人，两个男人，十几个小孩，一起坐在他们的帐篷，也就是一块悬挂在树木之间的塑料篷布下。远处是一座简陋的房子，在我看来只是几片随便拼凑的木板，这应该是下大雨时他们躲雨的地方。

过了三千年、五千年，他们的生活方式有什么改变吗？我有一个恍惚的想法，就是他们和这座森林是在同一个时代的。他们守护它，至死方休。但用什么武器呢？

我从来没有因为对原始野蛮生活的怀念而感到痛苦，但这些人极端悲惨的物质条件却让我感到揪心。为什么不给他们带来一些现代生活的馈赠呢？但印度尼西亚却放任这里发生这种可耻的事情。

一个女人忽然问我——她的怀里抱着两个小孩：

“你是从公路上来的？”

是那个城里来的奥朗帮我翻译的。我回答是。但我错了，我大错特错，真不该又说这路有多美，有多笔直，又铺着碎石，可以让交流更便利。

我永远不会忘记这个女人愤怒的样子。

那个奥朗只告诉了我一些只言片语。

“这条路，诅咒它！它就是那根杀死我们的箭！那些卡车，它们是死神的士兵。一片真正的森林不需要公路，每条公路都是一条伤口……”

这条路，这条伤口，就是一条通往纸的路。

六 十 万 亩

阿拉克鲁斯（巴西）

维多利亚。

圣埃斯皮里图州。

据说与其相邻的内陆州——米纳斯吉拉斯州曾经想要阻止他们建造公路：担心公路会方便外人来抢夺他们的金银财宝。

还据说最早的移民很快就涌向了高处：他们无法忍受当地蚂蚁的袭击，它们实在太凶残了。

维多利亚。

里约热内卢以北六百公里。

全球化。

在右方的远处，大楼上面升起大量白烟。印度的安赛乐米塔尔公司！可能是这星球上最大的工厂，司机这么告诉我。每年生产800万吨钢铁！并且是总统卢拉为它揭幕的。

巴西。

在离我们很近的路边，汽车旅馆一家紧挨着一家。他们五颜六色竞相争艳，名字也颇具暗示性，其中就包括这家出彩的“阿里比”（意思是“不在场证明”）。还在外面用很大的字写着：

"纳塔尔"[1]大促销

10点至18点

直降50%

2011年12月初。

雨声混杂着大海的隆隆声。

越是下雨，圣埃斯皮里图的居民们越是笑得开怀。

即便机场因暴雨而关闭。

圣埃斯皮里图的好脾气还有一个原因，跟雨比，这原因来得更近些：海岸边刚发现了石油。

但依然没有人忘记和雨问个好。

因为在圣埃斯皮里图州，桉树生长得如此之快，比世界上其他任何地方都快，这全都是因为巴西的土地，多亏了巴西的高温，多亏了这雨。

而桉树长得越快，圣埃斯皮里图就越富有。

※

刚到的时候，我向你保证，我可一点儿都不爱桉树。我想起了吉尔贝托·弗雷雷关于桉树的不无讽刺的文章。在1936年出版的《糖的土地》一书中，他分析了巴西东北地区因单一种植甘蔗所造成的严重破坏。[2]

他尤其为砍伐森林而感到惋惜和心痛，用进口品种取代本地的树种也同样造成损害，其中排在首位的就是澳大利亚桉树。

> 如果东北部的鸟无法在桉树上找到庇护，也无法在这种纤细又贪婪的树上筑巢（这种树只顾吸收土地养分，却不为人和动物提供荫蔽），那么鸟在公园甚至整个森林中的分布就会减少，进而让当地植物乃至动物和人的生活面临危

1 纳塔尔（Natal）在葡萄牙语中是"圣诞节"的意思。

2 吉尔贝托·弗雷雷，《糖的土地》，让·奥雷基奥尼翻译自葡萄牙语，伽里玛出版社，1956年版。

机。因为桉树的增长而牺牲了这些鸟，但许多对人类和地区经济有用的植物的健康却仰仗着这些鸟，鸟类比任何农艺技术员都更有助于防治毛虫和其他各种害虫。比如，鸠鸟和卡宴伞鸟都在预防虫害方面有很大价值。

桉树有什么优势呢？它生长迅速……

不过我还是要提醒自己别忘了印度尼西亚的森林也在被砍伐。我问自己，就算是种植桉树，也总比砍伐原始森林要好吧？总之，就等着瞧吧。我喜欢观望。我能看到。

※

曾经，在20世纪六七十年代，有一个名叫厄林·斯万·洛伦岑的挪威人。这位北国的男人对这个充满潜力却迟迟没有开发的南方国家——巴西充满热情。

洛伦岑首先是一名企业家。我是指，他和我们大多数人一样抱有幻想，但不同的是，他将这幻想变成了现实。

他的幻想中心是一棵树，桉树。这种树在巴西并不少见。因为建造铁路需要大量的横档，矿场也需要支柱，于是巴西人便从原产地澳大利亚引进了这种树。

对于桉树，洛伦岑另有一番野心，更崇高的野心。也许他是在这种生长迅速的树和巴西之间找到了相似之处，这个国家也正在苏醒。

1967年的一天，洛伦岑聚集了他的亲友。

“这些，”他对他们说，“就是我们要做的：

一、大量种植桉树；

二、建世界最大的工厂，以这些桉树为生；

三、拥有自己的港口，用以将我们的产品出口到世界各地，不受他人约束。”

“但是，”一位亲友问，“我们要生产什么？”

“从纸浆到纸产品，我们全都包下。但是北方的树生长得太慢了，难以满足需求。”

与此同时，一家公司便成立了，取名“阿拉克鲁斯”，这是一个邻近城市的名字。

经过几年的精心筹备，还有……多次远赴澳大利亚，桉树的故乡。为的是要选择最适合巴西、适合造纸的品种。

1967 年开始种植。

1978 年第一座工厂开工。

成功，壮大。

克服了重重考验和风险，“阿拉克鲁斯”不断向前发展。

直到 2008 年，它差点倒闭。不是因为全球经济危机，而是因为一位财务总监。他自以为聪明，将公司的流动资金投入外汇市场。

一个大集团——沃特兰亭集团收购了“阿拉克鲁斯”。这家集团生产的是水泥，还有果汁……于是公司又被改名为“费布里亚”。

为了避免倒闭的混乱局面，国有银行——巴西发展银行也注入资本。于是公司又重新开始跃进。

在这段巴西最辉煌的农工业传奇中，主角并不是工厂。

不过，就像洛伦岑说的，他们如今已是世界第一。在距离大海两公里的地方，满山的树干等着他，还有满山的碎木屑、塔架、烟囱、库房、管道和倾析池，这些总共占了九十六亩地。为了每年能够生产二百三十万吨纸浆，工厂每天必须要消化两万三千立方米的木材。

主角也不是港口。

然而，每年有大约三百艘超大货轮来这里装满成千上万的白色物体——纸浆。它们要将其运往需要的地方：首先是欧洲（40%），然后是亚洲和北美。在外包装上，你会看到某种像是孩子画的图案：一只橙色的鹦鹉。他们会告诉你这是给中国的码头工人看的，他们不太懂我们的文字，这种健谈的鸟会告诉他们这些货物来自哪个公司。

全球化。

港口也常常会迎来大型平底船。它们靠一些很圆很小的绿色拖船驱动，它们来自北方（巴伊亚州），侧面载满木材，以满足工厂的巨大需求。

他们告诉我，一艘大型平底船的运量相当于一百一十辆卡车。

环境的好朋友，物流万岁！海运万岁！

工厂和港口，我们禁不住沉醉在它们巨大的规模中，并且对整个计划的协调一致性深表赞赏。

但别搞错了。

“费布里亚”的主角是一种树。它的树干高耸而脆弱，有时呈灰色，有时呈淡红色，很少长叶子。简而言之，这种植物其貌不扬。

桉树。

我们很少照顾它，我们不知道如何让它过得更舒服。但我们疼爱它，我们保护它。它的心血来潮、瞬息万变，我们都第一时间回应。

我们围绕着它，就像把它当作电影明星一般。

它就是明星。

电影全靠它。

※

我们去了“育婴场”（占地十七亩）。

“为什么这么大？”

经理被我的问题逗乐了。

“仅在这一地区，‘费布里亚’每年就种植六千万棵树。”

在远处，我看到一些桌子边站满了妇女，她们穿着统一的淡绿色制服。她们是做什么的？

经理让我少安毋躁。

“我马上就告诉你。桉树的孕育与出生都和人类不同。而这一过程的技术名称一点儿都没有诗意：‘植物繁殖’。”

他把我带到一间我之前没留意的库房中。

这里没有桌子，中间排列着混凝土的槽。里面生长着很小的植物，但都接受着精心的培育，在我看来它们长得都一样。

“你说得对，这就像克隆的。去看看那些妇女们的工作吧。”

我走近她们。

从每一棵小桉树上，她们都小心翼翼地摘下一根十几厘米长的树枝，树枝必须是上面长叶子的，然后将其放入一个袋中。

我想到了日本。

这就像是盆景，这些桉树永远不会长大吗?

“每天它们都被摘掉一根新枝，我们称其为桉树的母体。”

命运那么悲惨，但却那么慷慨!

“你知道，摘下的树枝与原先的植物拥有同样的基因型，这就是克隆，这间库房中的树枝同样都是克隆的。”

“其他的库房呢？”

“别的克隆树枝！我们有八个这样的库房。”

“克隆真是多样啊！”

“你可别说那么好听。为了防止潜在的疾病散布，我们每一块土地的克隆都不相同。”

再回到那些小树枝的话题上，它们长约十厘米，被种在一根塑料试管中，等待进行小心的混合：稻皮、椰子碎肉，还有一些其他的营养补充物。

小桉树宝宝很喜欢，它表示高兴的方式就是快速生长。

“保育员们这样温柔地重复着。有些东西在试管中生长，而有些东西要面对严酷的森林。”

慢慢地，保育员们不再那样保护孩子们，而是让它们面对阳光，截去它们的根。

经过九十天，就要和它们说再见了。

桉树中没有像电影《吾儿唐吉》（*Tanguy*）里那样永远守着父母的孩子。

卡车来将这些已经高三十多厘米的新枝运走，运到移植的土地上。

※

“你知道吗？”经理对我说，“我们的育婴场只照顾桉树！”

带着那种仿佛不得不承认做了好事的佯装谦虚的笑容，他为我解释了“费布里亚”在保护“本土”森林方面所起的作用。

“此外，我们也是受法律制约的。我们禁止在一些受保护的地区种植树木，比如山顶、河岸边……并且必须保证恢复相当于我们种植量五分之一的地区植被。”

我有些没跟上这样复杂的管理介绍词，只是点点头表示赞许。不过我后来还是证实了，这些规定在这里似乎确实是得到遵守的。有两个巴西吗？尊重森林的圣埃斯皮里图所在的巴西？还有破坏森林的亚马孙所在的巴西？我又问经理：

“在这守卫本土森林的圣战中，这育婴场有做出什么贡献吗？”

“就像桉树一样。我们做出克隆的用于‘再生’，克隆出八十五个品种！看看吧。”

我在一颗矮小的树前蹲下，看了看标签。

巴西红木，这种红木用了这个国家的名字。

※

在去造林地的路上，我担心起会发生的最坏的情况，首先就是破坏风景。

为了表达一种怀疑的智慧，我像瑞士人说的那样：比这更好的我都会感到失望。

确实，还是应该喜欢桉树，特别是六百多个品种之中的两种：巨桉和尾叶桉。但这些土地面积都不大（都不超过二十亩），且更新很快，眼睛不会看得无聊。不会像单一耕作那样，面前的都是一望无际的凄凉的平原。你会从树木的一个时代走到另一个时代。在一片刚刚“收割”（术语就是这个）的地里，刚从育婴场搬来的“孩子们”就种在其中。

高：一米。

在路的另一端，是成年的：只有五岁，但已经有二十五米高。更远的地方，是十亩青少年的：两岁，十二米高……

总而言之，目光所及之处都让人心情愉悦，令人在如此特别的多样环境中找到快乐。我想要是一个巴西人到法兰西岛来参观，一定会为博斯地区的单调感到郁闷。

※

“为什么对桉树有那么激烈的反对声？”

路易斯·杰拉尔多很痛心。他年轻的肩膀上扛着获取著名的FSC认证标签的责任。他顽固而又亲切，使尽浑身解数想改变我的看法。

爱的第一课（上）

与传说不同，桉树天性是很适合群居的。它喜欢其他植物的陪伴，也会为它们提供养料。

一个多小时里，我们边走边深深地扎入了这红色的泥土中。在年幼的树枝之间，种着玉米、木薯和四季豆。这个小世界似乎相处融洽，各种植物都愉快地生长着。我如此关心这个生态系统，首先就是不想错过。不管我还有什么理由，路易斯至少很欣赏我的态度，会给我打个“好分数”。

每过个十分钟，就会有一场暴雨将我们淋透。因为我介绍自己是布列塔尼人，也就是雨的好朋友，他并不担心我。他并不太了解布列塔尼人，也不知道布列塔尼人和降水之间的特殊关系，但他还是点点头。又一个“好分数”。

我想告诉这位敬爱的导师，我们或许可以继续上下一课了，我保证我已经相信桉树的群居性。但路易斯还没完。

“这些林地是由附近的当地团体造的。”

“如果我没理解错，‘费布里亚’也和桉树一样喜好群居。”

路易斯笑开了怀，他放过了我。娱乐的时间到了，我们走回汽车。我不知道为什么，但我感觉自己长高了。有没有可能是在桉树的影响下，我终于突破了自己一米七三的可怜身高？经过验证，只是我鞋底堆积了巴西的泥土。

爱的第一课（下）

在前往我受教旅途的下一站的路上，路易斯指给我看树之间放着的绿色和蓝色的盒子。

“你猜是什么？”

“蜂箱。”

“棒极了！每年九十吨蜂蜜。你能想象当地人从中获得的收入吗？我们齐心协力，一起创造美好。美国人很喜欢这种香气。”

我听说，曾经有十年的时间，当地团体都一直反对“费布里亚”，两者之间存在冲突。当地人从远古时候就占有大片土地，而工厂需要这些土地以提供每日所需的木材。

双方的商谈最终发展成剧烈的冲突。

政府介入其中。

“费布里亚”最终让出了一万一千亩土地。

和平协定一签订，他们的合作就开始了。

我刚看到的那些穿插的林地就是一些合作的成果。

还有一些合作在推进中（教育计划、公共卫生计划、农学支援计划……）。

我又想起了两件曾经差点摧毁如此大企业的事情：

——财政上的疯狂，现代人贪婪的写照；

——争夺土地，这样的战争与人类同龄。

※

爱的第二课

“不，桉树不像我们想的那样会引发缺水。”

路易斯知道我写过关于水的题目，所以只告诉我最显而易见、最无可辩驳、最确定无疑的证据，证明他最爱的这种树应该洗脱这项最严重的罪名。

“看看。”

在一棵成年桉树下面挖着一道渠。

“来，下去看看！”

我小心地把脚踩到竹梯的第一级阶梯上。

“不要怕！”

我加快了节奏，这事关法国的荣誉。

“哪儿？”

“根……”

“就是根。”

“我从没见过那么短的。”

“平均两米五。”

“要是风别吹那么猛就更好了。”

“这不是我要你明白的事情！”

在我上面，路易斯的声音不再平静。

“含水层距地面十五米。如你所说，这么短的根，要怎么吸收水分？来，你可以上来了！”

回到地面上，你一定以为我准备好要讨论了。但我一刻不得歇，我的桉树学老师带我去下一个上课地点了。

※

爱的第三课

“你猜猜看，桅杆顶上那个人是干什么的？”

我抬眼望向空中。

在树顶上，距离地面三十至三十五米的地方，我发现一间小房中有个人影。

“你想要上去吗？”

我有些头晕，害怕得直发抖。

路易斯笑了笑。

“我觉得你不会想上去。上面那位是个学者，他在测量蒸散量，我会给你看研究的结果，这可以证明桉树消耗的水并不比其他品种多。雨落在植被上的同时，更大量的雨落在土中，相比而言，本土森林土壤吸收的水量反而少，因为林冠吸收了其中的大部分。此外，你知不知道，每生产 1 公斤木材，桉树消耗 0.43 立方米水？

而 1 公斤玉米消耗 1 立方米水，大豆是 1.65，鸡肉是 3.5，牛肉是 15……”

没人能阻止他的辩护。

而我有些精疲力竭，做好无条件投降的准备了。

是的，我忏悔！

是的，我承认桉树是树木中最多产的，同时也是最值得尊敬的。

是的，我今后会全心全意在所有人面前捍卫它的利益，对抗它的敌人，对抗那些可耻的谎言散布者！

我想要和我的新朋友们多相处一些时间。

我们便出去散散步。

喜欢线条的我得到了满足：这水平的一串一串，这一条条树的走廊，与高耸的树干交织在一起。

落叶在脚下嘎吱作响。路易斯走在前面，说是为了驱赶蛇。

我假装吓他，逗他玩。不过我的脚下似乎并没有什么生命迹象，几乎没什么植物，我也白白伸长了耳朵，根本听不到什么鸟叫声。

可怜的路易斯！我要怎么告诉他我有些失望，同时又不惹他生气呢？但他似乎察觉了我的意兴阑珊。

作为一个好老师，他知道总结和结论的重要性，在我们吃最后一顿晚餐的时候。

“我知道，我失败了：你还是继续相信桉树会让土地变得贫瘠。我可以给你看所有的研究，结论都是相反的。但你会相信吗？我还是请你用常识想一想。从笛卡尔开始，全世界都知道，法国人最有理性。但常识呢？我们自 1967 年种下第一批树，到今天，我们已经完成了七个完整的轮回周期。假如我们的树真的对土地那么有害，那我们到底是靠什么奇迹才让产量得以保持上升呢？旅途愉快！”

于是我又独自启程，只有我该有的常识是我唯一的旅伴。

第二天，我从路易斯那里收到了这封邮件：

“经过确认，仅在阿拉克鲁斯地区，我们所拥有的土地上的鸟类种类为：559 种。致礼。”

真的，这位年轻人绝不善罢甘休。

说实在的，“费布里亚”让我印象深刻。

我很少参观到一家如此“完整”的企业，他们投入如此多的精力，如此用心地控制整条生产线，其中甚至包括环境与社会方面的互动。

我知道，每次到巴西来旅行，都会让我羡慕不已，我羡慕整个国家充满喜悦的活力。但每次，我又都会受苦，相比之下我们那体弱多病的欧洲真是每况愈下。

我明白，我明白，这种疯狂的发展之路付出了暴力的代价。就像中国一样，虽然没有中国那么严重。

在我逗留期间，巴西的上议院正在讨论《森林法案》的改革。

环保主义者们和乡村主义者们进行了激烈的辩论，他们都还可以为国会朋友的运动大笔出资。

我只需再听听其他的钟声，就会发现一些有道理的意见，就可以减轻一些我对这个国家童真的热情。

我和世界自然基金会的巴西分部取得了联系。

关于新的《森林法案》，激进分子们怒气未消。新法案不仅要赦免一切非法的砍伐森林行为，对未来的暴行也允诺其免受惩罚。但这项改革将要减少受保护的区域，面积相当于德国、意大利与奥地利的总和：七千五百万亩。

我提起“费布里亚”的时候，这些巴西的激进分子们脸上又露出了笑容。我的印象没错，整体上来说，这家公司的行为还算检点。那些过去的暴力只是些不好的回忆，如今，其经济效益也伴随着对自然和社会环境的真正尊重。此外，“费布里亚”积极地参与“新生代种植林计划”。这个项目由世界自然基金会发起，它试图证明，我们可以良好地管理种植林，同时不会侵害环境。

至于巨桉和尾叶桉，它们值得如此多的爱吗？

向桉树致敬及成见清单

我爱南锡。

因为斯坦尼斯拉斯广场的整齐，也因为围绕其周围的喷泉的错落有致（归功于雕刻家迪厄多内–巴泰勒米·吉巴尔！）。

因为那里的新艺术学校将植物学引入了建筑中。

因为市长的妻子弗朗索瓦丝亲自接待作家。

也因为其对桉树的认知，唉，太少了。

因为国家农业研究院选择将其最有活力、在全世界最知名的一个研究中心设立在这座洛林省的首府。

这位是雅克·朗热[1]，土壤学家，也就是土壤方面的专家学者。

这位是洛朗·圣安德烈，“Cirad”[2]的农学家，森林方面的专家（很快就要拥有第三个孩子的父亲；他向我抱歉：“我的电话要一直开着。”）。

“那么，先生们，第一个问题，头条罪状：桉树会使土壤贫瘠吗？”

“无稽之谈！热带的土壤，也就是桉树主要生长的地方，是这星球上最贫瘠的土壤。这种树需要营养，就和其他树木一样，就和其他植物一样，就和其他生物一样。因而，它要寻找自己所需的养分。但两年后，它就停止吸收养分了。一套机制开始运行。我们的朋友——正因为它是朋友——懂得回收利用。第一回合，它从树干到树皮回收养分；随后，它回收叶子；叶子落下并腐烂后，回归土壤的养分至少不会少于土壤曾付出的。在刚果，我们比较了树林和大草原：种植桉树的土壤的肥沃程度要远远胜出。”[3]

---

1 雅克·朗热供职于法国国家农业研究院（Inra）。

2 Cirad，即法国农业发展国际合作中心。

3 他们在黑角（刚果共和国）进行了大量工作。从1978年起，共种植了42000亩林地。那是一片巨大的研究田……巴西人从中的获利甚至超过非洲人。

两位专家取笑了我一番：

“巴西人会吹嘘他们的产量。这不仅要感谢土壤，也不能只感谢品种改良。他们没有跟你提过肥料？真没有？他们可用得不少。这怎么能省呢？土壤那么贫瘠。但因为这些个小粉末的成本在上升，他们就要思考下了。我们也是。方法很简单：在桉树之间种上洋槐，这种树可以保持空气中的氮含量。”

我尽力听得仔细。最后，我因为太想要理解而差点晕过去。和这故事无关的事我忽然都没了兴趣。

我要和他们多待几个小时。

但我一直想着那位就要做父亲的专家的电话，直到现在，它都没有响过。不能因为这，就丢下未来的妈妈那么长时间。

我最后问了一个问题：水，我最喜欢的题目。桉树也像我们以为的那么需要水喝吗？

两位专家又乐呵了起来。他们很遗憾地不得不又重复一遍：

“对水的需求就像对营养的需求一样。要长出大量木材，树就要喝大量水。相对产出的物料量而言，我们农村的橡树需要的没那么多。你的调查应该已经可以证实，和人们广泛的也是错误的想法刚好相反，我们星球总是不断需要更多的纸吧？”

我点点头。

“那也就意味着不断需要更多的树。我不清楚你的想法，但我更喜欢造林，而不喜欢大量砍伐。”

雅克·朗热为我做了总结。

“当然，我们不能在什么地方都到处种植桉树，南非就付出了代价才学到这一课。当然，还是要让种植的土地肥沃起来。也还是要考虑风景，不要一下就全部种在很小的土地面积上，像马赛克画一样镶嵌般地管理空间，不要破坏整片土地。经常地，我们都错怪我们的树了，它们是许多难以理解的成见的替罪羊，我们在为其尽量扫清一切可能的成见。整体而言……”

这位专家朝我温和地笑笑：

“整体而言，相信我们，这是一种友好的植物。”

向折纸的人致敬

我的旅程从亚洲开始，我也想在亚洲结束。我也不知道为什么，但总觉得，最美的故事应该是“圆的”，应该是把我们带到最远的地方，最后回来又触碰我们最深的心底。广岛的小女孩祯子的故事彻底感动了我，让我想要了解关于折纸的事，了解那些沉醉于折纸艺术的人们。

我首先知道的是，“origami”（折纸）这个词来自于日本：“oru”意思是“折”，而“kami”意思是“纸”。

我随后又了解到，法国有过一场折纸运动，1978年时，由一个名叫让-克洛德·科雷亚的人发起，他毕业于国立高等装饰艺术学院。

我和两个人取得了联系（电话是0143430169）。

约好了时间。

阿兰·若尔若来了。

和他一起的还有奥雷勒·迪达。

他俩是我见过的最有诗意的人。

阿兰刚从国家造币局退休，奥雷勒则是位年轻又有才华的艺术家。

到了他们给我礼物的时候（一个圣诞老人和一只大象，都是精巧地折出来的，那只大象还是用地铁票折的），他们把我带入了一个刘易斯·卡罗尔（他也是折纸的人）也会觉得是仙境的世界。

折，是生命的迹象。地球苏醒时，便有了河谷，有了山川，空间越来越大。

折，是充满哲理的。对于那些不太擅长阅读这些艰深文本的人，我推荐阅读吉尔·德勒兹对莱布尼茨的点评。

折纸，也是种教学。你知道弗里德里希·福禄贝尔（1782—1852）吗？他发明了许多伟大的教学方法，还建造了许多孩子们的花园。他在低龄学童中推广折纸教学，用来作为几何的启蒙，因为折纸也是一种数学活动。这一学科中的很多大师都非常喜欢形式的连贯，也因而同样喜欢探索具体和抽象的空间。

折纸，当然也是一种娱乐消遣，但却和各种“严肃”活动一样有用。有时，人们会组织“全球纸飞机锦标赛”。波音和空客的工程师们都受邀参加，并且常常会从中受到新的启发。他们通过这样的机会改进“真实”器械的能力。

折纸，是一种全球通用语言，是乐谱，是世界语。不需要词汇，只要有图解就足够了。

折纸，是一种精神状态，是一种精神的练习。每一步都必须遵守，每一步都必须极其精确，实现过程中的步骤也许很复杂，但从一张简单的纸开始，不用粘贴，也不用任何外力支撑，就成功地做出一头牛、一朵玫瑰、堂吉诃德，或是一幅自画像。

折纸，就像舞蹈，我们用指尖跳的舞蹈。折纸，又像是音乐，每个符号会产生另一个符号，接着又不断经历变形。

折纸，最后也最重要的，是艺术。我在东京的纸博物馆错过了吉泽章（1911—2005）的展览，真是遗憾！你会感到二十倍的惊讶，面对着三十件小型作品，每一件都是一种狗：贵宾犬、雪达犬、比熊犬、斗牛犬……观察入微，手艺精巧，像是奇迹，仿佛谜一般。

我的新朋友，阿兰和奥雷勒确定地说：吉泽章先生是大师中的大师。

为了感谢他们给我上的课，我带他们参观了法兰西学术院，参观了我们工作的房间，参观了马萨林图书馆。

我们穿过面对孔蒂路的门廊时，我听到有人叫我。是弗朗索瓦丝·戈森，这位迷人的女士负责接待。

“奥森纳先生，奥森纳先生！我刚收到一封给你的信（也是折起来的纸）！”

色彩的商人

巴黎（法国）

要找到回家的感觉，拥有再度做回巴黎人的体验，最好的方法就是去塞纳河边逛一逛。这座城市一点儿也不记恨你的离开，像接受一个回头浪子般迎接你归来。它还对自己的魅力自信满满，笑着问你："何须离开呢？在这地球上，你还遇到过比这里，比圣母院到协和广场这段更美的地方吗？"

古斯塔夫·申内利尔是一个化学家。他对色彩非常着迷，于是决定开始制造色彩。

1887 年，他在左岸开了一家商店，那里很快成为了艺术家们的聚集地。

地址从没变过，往来的人流也一样。推开伏尔泰路 3 号的大门，你就能遇到各种年龄、各种国籍的前来购买必需品的画家们。为什么有那么多的日本人？

走上二楼。

帕特里斯先生在等你。

不管你要找哪种颜料，他都会帮你找到：几十种颜料瓶在他身后一字排开。

但他最喜欢的，是纸。他年轻时，走遍世界各地，寻觅最稀有的纸。日本、中国、韩国，还有泰国、不丹、巴西……墨西哥，在那里，一个巫师给了他拥有极强治疗效果的纸。

帕特里斯先生笑了笑。

"我保证我的货源既独特，又多样，但不能保证持续性。生产者都是工匠，他们大多生活在山里，距离最纯净的水很近。有时，他们连续多年从事制造；有时，他们没有预先告知就会突然中断。也许他们还会重新开始。”

我问他有没有什么知名的客人时，帕特里斯先生耸耸肩。

“你以为我真的会出卖他们吗？”

我只感觉他充满了骄傲。

“有些人来的时候是想好了明确载体的。但对大多数人来说，这载体就是纸，我的纸影响很大，我甚至敢说，我的纸可以决定作品。”

有一天，我走下底楼的时候，我问老板，申内利尔有没有所有纸的目录，他惊讶地端详着我。

“我们怎么可能有？你认识帕特里斯吧？那你应该知道，纸，真正的纸，二楼的纸，根本无法预料。”

博尔赫斯、合恩角、雅克·阿塔利及非洲思想

90年代末，某个12月的周日，我坐上了贝特朗·迪布瓦的伯沙撒帆船，启程去往乌斯怀亚。我们要去探索比格尔海峡、奥斯特岛、纳瓦里诺、皮克顿岛、伦诺克斯岛，最后一路向南。

我想到了一件显而易见的事，为什么要摆脱现代化呢？多亏了现代化，我才能将所有的书都装在一本书里随身携带，也才能一边重读《贝蕾妮丝》，一边穿越拿骚湾永不停歇的风，并且在绕过合恩角的同时再次沉浸在《奥德赛》之中。

这是博尔赫斯的梦想：《巴别图书馆》，也就是无尽的图书馆。我还记得开头的段落："宇宙（也有人称为图书馆）由不确定数目的，也或许是无限的六边形艺术馆组成……"

我回来后，就加入了西塔尔公司，这家公司由我的兄长雅克·阿塔利创办，旨在向大众提供首批电子书。

我可是没听过什么好话啊！"叛徒！谋杀书籍！你们怎么敢？文学给了你那么多！我早就知道你心里就是个庸俗的人，你把自己出卖给了利益……"

经过两年的奋斗，人们开始逐步有了新认识，但我们倒闭了。西塔尔的阅读器太重了，也太贵了。我们来得太早了。

但我知道，我们都知道，那一天终会来到……

而且，在我内心深处，除了无尽图书馆的梦想，我还保留着另外两个梦想。

首先，设计出超级图书。

我出版过一本路易十四的园艺师勒诺特尔的传记。在西塔尔，我们预想，在保

留传统阅读的同时，我们还提供凡尔赛的导览，配合当时的音乐、地图、大运河的画作……所有的艺术、所有的歌剧……

另一个梦想，是为那些不太可能出版或再版的文本找到可能的读者或是新一批读者。

无尽图书馆也应该包括那些绝版的书，还有那些因为经济原因不可能被印制成纸质书的作品。

十年过去了。

阅读器、平板电脑来到了我们中间。

谁会因为阅读和叙述的介质的增加，也就是自由度的增加而感到遗憾呢？

一个新世界开始了。

《书之后》中，弗朗索瓦·邦是这样谈论这个新世界的。

书，是一种载体（木头、羊皮纸、石头、沙子或是……纸），但首先更是一种选择。

在所有可能的内容中选择保留一种内容。

因而，在书之后，永远会是一个书的世界。

除非是淹没在网络上永远不停掉落的模糊的数据中。

有了选择就有了选择的人。文本越多，我想出版社的需求也就越多。

我觉得我们见面的方式越是变得虚拟和脱离现实，我们越是需要现实的接触：好的书商之于书，就像是演唱会之于唱片。

对于纸，我也依然信任。我们每个人都还是渴望缓慢，渴望安静，渴望沉思。

这种渴望，我想只有纸能够满足。

也许是因为，它最早是水做的。

就像我们一样。

当我感到悲观时，我会再读一遍谢克·哈米都·卡纳的代表作《模棱两可的冒险》（1961年）：“如果我告诉他们要去新的学校，他们会成群结队地去。他们会在那里学到各种我们不知道的将木头和木头连接在一起的方法。他们学到的东西能抵得上他们忘记的东西的价值吧？”

文明的进程不就是一次次模棱两可的冒险吗？

尾　声

18 世纪时，水手们对植物充满了热情。

他们每到一个遥远的地方，都会收集当地陌生的品种，装在为它们建造的木箱中带回欧洲。

随后，他们将这些植物种下，并悉心照料，你简直无法想象他们粗糙的手可以如此细致。

他们将这样的花园称为“归来花园”。

每次我旅行回来，都会问自己：我带回了什么最珍贵的东西？我要在我的花园里种下什么？

在我漫长的旅途中，我首先对这个充满魔力的材料越发喜爱，它那么柔软又那么耐久，可用于各种用途，能接受各种色彩。总而言之，它那么乐于效劳，就算不知道如何满足我们的愿望。

还有敬意，还有友谊，都要献给所有从事与纸有关的行业的人。

我们每天接触那么多的人和事，却都忘了提醒自己他们的益处，甚至忘了他们对我们的好。

我知道纸很有必要，但我忽略了它服务的范围：对知识，对创造，对回忆，对新人，对健康，对商业。

纸到底是什么？一碗汤。一碗纤维的汤，我们先将它铺开，再将它烘干。

该是时候向中国人表示感谢了，他们最早想到了这碗汤。还有那些厨师们，在这二十二个世纪中，他们一点一点地让配方更加完善。

我要在我的花园里种下的第二件珍宝是些无与伦比的故事，所有这些美丽的、温柔的、残酷的故事都伴随着纸的征途。从撒马尔罕之战到拾布者的争斗；从孟格菲的冒险到假币王子保查斯基；还有为了纪念广岛死去的小女孩而折的千纸鹤；也不能忘记世界卫生纸巨头去做间谍后写下的文章。

最美丽的故事未必是最古老的，所以关于正在发生的竞争的故事，与曾经的史诗拥有同样的价值。

我们都知道，我也越来越体会到，纸，这种经历了两个千年的材料，也是最新最顶尖科技的阵地。

可以说，作家们讲述、倾诉时所用的纸，想要证明它有能力讲述这些故事。

这一程的最后一件礼物：一个圈。也许关于纸的第一课拥有的是这样的世界观：无所失，无所得，一切都在转换之中。拉瓦锡在1750年前后是这样总结的，但纸的发明者在两个世纪前就已经这样实验了。

为了生产更多的纸浆，强盗们，就像在印度尼西亚的那些人一样，肆意破坏原始森林。

但我们星球上半数的森林如今还是得到了尊重，并且接受着细心的管理和长期的保护。况且，大多数纸还是由纸而来的，因为60%新生产的纸都来自回收的纸。

进步仍然值得期待。

但哪些方面可以变得更好呢？

※

这一刻，我感到一阵眩晕：假如我，我埃利克·奥森纳，只是一种纸呢？

小说故事的创作步骤有哪些？

首先，作家会在无意识的情况下，“挑选”已经获得的信息：在所有储存的记忆中，选择可能对他有用的。

然后，总是在半无意识的状态下，他会“恢复”，也就是开始从这团糨糊中构建一块同质的整体，亦即故事的提纲。

最后，他会“回收”。将这些不同的元素混合在一起，研磨，合并，制造出浆，然后延伸，展开，整理……我们说的是“小说之浆”吧？

小说家，就是造纸的人，只是他们忽略了这点，他们是发自本能的回收者。

于是，小说和纸，故事和它的载体，在本质上不就是相同的吗？

不可分离，彼此都是对方的回声。无止境地回应对方，与彼此的纤维交织在一起。

我更深地理解了为什么我属于最后那拨顽固不化的人：只在纸上用铅笔（木和碳）写书。

只有老天知道我有多爱我的电脑，它是我航行知识海洋的船，是我和远方通讯时无可取代的邮差。但我深信，假如我用它来进行真正的写作，我会破坏之前提到的那种亲密关系。

随后裂痕和孤单就会接踵而至，我想我承受不了。

我常常会想到非洲和南美洲当时感觉到的痛苦，它们感觉一种运动正在将它们彼此分离，这股运动无法避免，一片海潮已经奔涌进它们中间。

※

我刚回到鹌鹑之丘的住处放下包，就又出发了。去不远的地方，就在意大利广场的另一边。我的行程从中国开始，我对圆形故事的爱让我也要在中国结束。

唐氏兄弟大超市是巴黎中心的中国领土，是对这个“中原帝国”的忠实写照。

伊夫里大街，一长列穿着藏红花色袍子的僧侣举着一块招牌整齐走过，牌子上写着：

欢迎来到

玉佛

祈求世界和平

信徒们经过时弯下腰，向僧侣们胸前捧着的盒子里投入一些香火钱。

我就在亚洲。

我走进伊夫里大街48号的大院。

一张海报上写着双重优惠：

——泰国新鲜龙眼，每篮（约三公斤）八点五欧元；

——乳香棒，十根一欧元。

我在大商场里找了很久都没收获。说真的，我看到装满“那个世界”物品的货架，觉得很好玩。

很久什么都没有找到的我，只好向一位正在整理香菇货架的女士询问。

她让我重复说了三遍：她不太能听懂我的语言，更无法理解一个法国人居然需要我告诉她我在找的那样东西。

最后她让我出门后立刻左转。

我离开时她似乎很生气，她不断嘟嘟囔囔说着四个字，我为什么要装作没听懂呢？

后来我才明白，她想说的是“餐桌艺术”。她要告诉我去那家专门的附楼里找。

就在那里，在一堆乳香棒上面，我还找到了冥币、仪式穿的袍子，还有两栋房子模型。

都是纸做的。

我想起了让-皮埃尔·德勒热，还有我们在非尼斯泰尔的对话。

“在中国，纸用来做什么？”我问他。

“点火燃烧，产生的烟可以升到天际，于是生者就借此与死者交流。他们为死者送去钱、衣服、房屋，甚至是化妆包：所有可能让他们高兴的东西，让他们不会觉得死去的时间很长。”

我想了想：“那书有什么用呢？”

“我也和你想到过一样的问题：书，刚好相反。书是让作者，不管是生是死，至少都不在场，却可以和我们交流。”

我的父亲去年七月去世。我在唐氏兄弟超市买了这些东西。冥币，虽然我父亲从来都不乱花钱。还有仪式穿的袍子，他敢穿吗，他那么害羞的人？还有房子，在那个世界，他会选择住在里面吗？

伊夫里大街上已经不见了玉佛寺的僧侣，他们去更远处化缘了。

我发现，纸的路不止在地面上蜿蜒，也许还一直延续到逝去后的世界。

参 考 书 目

为了纸这个话题，有无数纸张献出了自己洁白的表面。

我在这里只想列出那些为我的漫长旅途提供重要指引的书目。

首先，有七本是不可或缺的。

用于入门：伽里玛出版社的《发现》（*Découvertes*）丛书中的一卷：皮埃尔-马克·德比亚西，《纸：天天冒险》（Pierre-Marc de Biasi, *Le Papier. Une aventure au quotidien*, Gallimard, 1999）。

用于概览：很博学却又很生动的《纸的传说》，作者皮埃尔-马克·德比亚西和卡琳娜·杜普利茨基（Pierre-Marc de Biasi et Karine Douplitzky, *Saga du papier*, Adam Biro-Arte Éditions, 2002）。

用于思考：《媒介学手册》（*Cahiers de médiologie*）第四卷《纸的权力》（*Pouvoirs du papier*, Gallimard, 1997），这本内容丰富的刊物是雷吉斯·德布雷（Régis Debray）主编的。这一卷是献给鲍希斯·维昂的，他是“纸业技术协会”的第一任会长，这一卷由皮埃尔-马克·德比亚西（Pierre-Marc de Biasi）和马克·纪尧姆（Marc Guillaume）编写。

用于追溯历史：达得·亨特，《造纸术：一项古代工艺的历史和技术》（Dard Hunter, *Papermaking: the History and Technique of an Ancient Craft*, New York Dover Publications, 1978）。

用于了解现代造纸：《纸》，作者热拉尔·马丁和米歇尔·珀蒂-科尼尔（Gérard Martin et Michel Petit-Conil, *Le Papier*, PUF, 1997）。

用于惊叹：《艺术与纸》，作者玛丽-埃莱娜·雷诺（Marie-Hélène Reynaud, *D'art*

et de papier, Textuel, 2008）。

最后不能忘了弗朗索瓦·邦的热情反思《书之后》（François Bon, *Après le livre*, Le Seuil, 2011）。

有了这些基础之后，有千万本各种尺寸、各种复杂程度的书籍和出版物等着你……会给你带去各种不同程度的阅读的喜悦，从最普通的，甚至是最难以下咽的，到令人着迷的。

关于远东，我推荐卡特琳·戴思博（Catherine Despeux）和让-皮埃尔·德勒热（Jean-Pierre Drège）的所有文章，还有托马斯·弗朗西斯·卡特的《印刷术在中国》（Thomas Francis Carter, *L'Imprimerie en Chine*, Imprimerie nationale, 2011）。还有令人捧腹的考古学发现：彼得·霍普柯克的《丝绸之路上的佛与游荡的人》（Peter Hopkirk, *Bouddhas et rôdeurs sur la route de la Soie*, Picquier, 1995）。

关于研究和展望，可以看格勒诺布尔纸张科技中心的报告。

关于每个造纸国家的文献资料也很丰富。你可以在上面那些作品中找到有用的参考书目。

我还要补充的是：

——多米尼克·比松的《日本的纸》（Dominique Buisson, *Japon papier*, Éditions Pierre Terrail, 1991）。多米尼克也写了许多关于折纸的文章。

——布里昂·勒博的《纸》（H. Briant Le Bot, *Le Papier*, Minuit, coll. « Traverses », 1983）。

——玛丽-埃莱娜·雷诺的《孟格菲兄弟》（Marie-Hélène Reynaud, *Les Frères Montgolfier*, Éditions de Plein Vent, 1982）。

——琳达·迪奥纳和乔治·佩尔蒂埃的《森林与人》（Lynda Dionne et Georges Pelletier, *Des forêts et des hommes*, Les publications du Québec, 1997）。

——弗朗索瓦丝·巴利巴尔和玛丽-洛尔·普雷沃主编的《巴斯德：学者手册》（*Pasteur : cahiers d'un savant*, coordonné par Françoise Balibar et Marie-Laure Prévost, CNRS Éditions-BNF-Zulma, 1995）。

——热拉尔·贝尔托利尼的《穿越时代的纸》（Gérard Bertolini, *Le Papier à travers les âges*, L'Harmattan, 1999）。

——埃朗·马卡蒂尔的《地上的脚》（Ellen MacArthur, *Les Pieds sur terre*, Glénat, 2011）。

——莱纳伊克·勒迪古、克里斯特尔·塞登施迪克和皮埃尔·施米特的《纸张史》（Léna'k Le Duigou, Christel Seidensticker et Pierre Schmitt, *Histoires de papier*, Éditions Ronald Hirlé, 1993）。

还有关于回收经济的《圣经》：菲利普·沙尔曼和卡特琳·加约谢的《从稀有到无尽：鸟瞰全球废品》（Philippe Chalmin et Catherine Gaillochet, *Du rare à l'infini. Panorama mondial des déchets*, Economica, 2009）。

还有阿尔贝托·曼古埃尔的杰作《阅读史》（Alberto Manguel, *Une histoire de la lecture*, Actes Sud, coll. « Babel », 1998 ; J'ai lu, 2001）。

至于弗朗西斯·阿莱（Francis Hallé）这位林冠的探索者，他的每一本关于树木和森林的著作都不要错过。没有什么比他的书更能在给人知识的同时让人享受非凡的旅程，而且还会连连惊呼。比如：

——《植物颂》（*Éloge de la plante, Seuil*, 1999）。

——《树冠的木筏》（*Le Radeau des cimes*, Seuil, 2000）。

——《热带环境》（*La Condition tropicale*, Actes Sud, 2010）。

——《好好利用树木》（*Du bon usage des arbres*, Actes Sud, 2011）。

致 谢

首先，我要感谢我的编辑也是我的兄弟让-马克·罗贝尔。没有他的信任，我也不会踏上这个旅程。如果不去看看，又怎么理解我们这个星球呢?

纸是一个宇宙，比我们以为的更复杂、更多彩，不仅在时间上延伸，也在空间上铺展。

要深入了解它，需要导游。

他们中大多数人都成为了这书里的角色，没有他们就没有这本书。

感谢他们。

还有些导游没有出现在书里，但他们的角色同样至关重要。

感谢达尼埃尔·福尔热，他是法国对世界纸业最了解的人。

感谢鲍里斯·帕唐特勒热，他是世界自然基金会法国分部的激进战士。这个非政府组织用无比的勇气和效率捍卫着他们所处的这个多彩世界的环境，首当其冲的就是保护森林。

埃莱娜·克尔马什特，法国驻东京的文化专员，是我在日本研究时无与伦比的助手。

多米尼克·比松，日本文化的专家。

皮埃尔·诺埃，他知道的关于巴西的知识对我非常珍贵。

马蒂厄·古多，他为我们经济更平衡地发展贡献了自己在科学和经济双方面的才能（他有全职工作）。

弗洛朗斯·多纳雷尔，记者、旅行家，特别爱管闲事，善于发现通往最震惊世人的真理的线索。

当然还有菲利普·沙尔曼，我三十年的老朋友，他对原材料充满热情。

感谢他们。

我不会忘了我的审校团队，他们那无情的眼神若是残酷起来可以夺走我的灵魂：克里斯托夫·吉耶曼、若埃尔·卡尔梅特、尼古拉和马蒂娜·菲利普。

感谢他们。

最后，要是没有玛丽·欧仁，我去哪里找这样梦想中的仙女，千变万化，可以一丝不苟地完成一切成书的工作，把一页页在罗地亚 16 号本上用 3B 铅笔乱写乱画的原稿整理完毕？（感谢生产罗地亚笔记本的公司：它们是我旅程的老伙计，总是在我的左腿边焦急地等候——工装裤万岁！——等候需要记录的时刻。）

感谢费利克斯·勒克莱尔基金会，尤其是感谢纳塔莉，让我有机会在你们面前展现他们对筏运工的敬意。此时应该再一次表达我对拉图克之子深情的赞美，赞美伟大的费利克斯。